마을을 섬기는
시골교회

바른신앙시리즈 1
마을을 섬기는 시골교회

펴낸이	김종희
저자	김세진 윤희윤 백정훈
펴낸곳	도서출판 〈뉴스앤조이〉 www.newsnjoy.or.kr
등록	2000년 12월 18일 제20-205호
초판발행	2012년 4월 1일
초판1쇄	2012년 4월 1일
초판5쇄	2016년 10월 20일
주소	서울 용산구 청파로 47길 52 명신프라자 6층
전화	02-744-4116
e-mail	newsnjoy@newsnjoy.or.kr
값	6,000원
ISBN	978-89-90928-25-2

* 잘못된 책은 바꿔드립니다.

바른신앙시리즈 1

마을을 섬기는
시골교회

뉴스앤조이

프롤로그 | '바른신앙시리즈'를 펴내며

  도서출판 〈뉴스앤조이〉가 올해 4월부터 1년에 4번 분기별로 작은 책을 만듭니다. 시리즈 제목은 '바른 신앙'입니다. 우리 신앙을 바로 세우는 데 도움을 줄 수 있는 책을 만들려고 합니다. 값싸고 질 좋은 책, 덩치는 작지만 실속은 커다란 책을 만들도록 애쓰겠습니다.

  가장 먼저 선보이는 작품은 마을을 섬기는 시골 교회 이야기입니다. 농어촌에도 교회들이 많습니다. 도시 교회와 마찬가지로 생존 자체에 급급한 경우가 많습니다. 교인 숫자의 많고 적음이 문제가 아닙니다. 교회가 있는 지역에서 빛과 소금 역할을 감당해야 하는데, 그런 곳이 별로 없습니다. 그러나 그런 교회들이 꼭 필요합니다. 많아져야 합니다.

  사회복지법인 '우양'과 함께 2개월 동안 준비한 다음, 2010년 3월부터 12월까지 10개월 동안 〈뉴스앤조이〉 취재 기자들이 마을을 섬기는 시골 교회들을 찾아 전국을 돌아다녔습니다. 가까이는 강원도 홍천부터 멀리는 전남 보길도까지 17군데를 취재했습니다. 이 교회들은 대부분 교인 숫자가 50명도 채 안 되는 미자립 상태였습니다. 그러나 지역 어린이들을 위해서, 노인들을 위해서, 재정 자립을 위해서 여러 모양으로 건강하게 사역하고 있었습니다.

첫 번째 작품으로 이 책을 출판하는 까닭이 있습니다. 이런 교회들이 더 많아져야 하기 때문입니다. 이 책에 몇 가지 바람을 담았습니다. 이 책이 여기 소개된 교회들의 소식지로 쓰였으면 좋겠습니다. 하나님의 생명의 말씀을 교회 현장에서 구체적으로 실천하는 모습을 보여주는 전도지로 쓰였으면 좋겠습니다. 이번에는 비록 17군데밖에 소개하지 못했지만, 아름답게 시골을 섬기는 교회들을 앞으로 더 많이 찾아냈으면 좋겠습니다. 이 책을 읽고, 작지만 건강한 시골 교회를 만들어 보려고 나서는 젊은 사역자들이 많아졌으면 좋겠습니다. 도시의 큰 교회들이 시골 교회들을 소중히 여기고 그분들의 사역을 도와주는 계기가 되었으면 좋겠습니다.

작은 책에 참 많은 바람을 담았습니다. 그러나 저희의 이 소망을 하나님께서 기뻐하시고, 여러분께서 지지해 주시리라 믿습니다. 혼자 읽고 혼자 감동으로 끝내시면 안 됩니다. 희망의 바이러스를 여기저기 퍼뜨려 주십시오. 올해 부활절은 이런 기쁨 가운데서 맞이하시기를 빕니다.

2012년 4월 부활주일을 앞두고, 김종희 드립니다

차례 contents

프롤로그 · 4

마을과 교회의 금을 씻어내는 천연 비누 · 9
강원 홍천 | 개야교회

소 닭을 키워 아이들 웃음을 찾다 · 17
전북 완주 | 석천교회

할머니들 꿈이 이뤄지는 한글학교 · 25
전남 완도 | 보길중앙교회

개천을 청소하는 아이들 · 33
충북 옥천 | 행복한교회

우리 교회 주인은 아이들 · 41
경남 고성 | 선한이웃교회

꿈을 꾸는 '도토리와 친구들' · 49
경남 합천 | 초계중앙교회

우리 교회 목욕탕 언제든 와서 쓰이소 · 57
경북 김천 | 천성교회

할머니 맘에 형광등 밝혀 드려요 · 63
충북 청원 | 부강감리교회

꿈을 키워가는 섬마을 아이들 · 71
전남 신안 | 하의제일교회

아이스크림, 섬마을 스타 되다 · 79
인천 강화 | 아차도교회

일자리, 요양보호사, 반찬, 뭐가 필요하세요? · 87
충남 서산 | 고산교회

사랑 졸여 만든 꽁치조림 · 95
강원 홍천 | 벧엘교회

미생물이 섬을 살렸다 · 105
인천 강화 | 서도중앙교회

불어오는 산들바람 함께 맞을래 · 113
경남 함양 | 산들교회

땅과 더불어 커져가는 사랑 열매 · 121
전북 남원 | 갈계교회

예수가 좋아 친환경 농사하는 사람들 · 129
충남 아산 | 송악교회

라면 두 박스가 만든 기적 · 137
충남 금산 | 금산평안교회

에필로그 · 146
시골교회, 당신을 통해 희망을 보았습니다 _김세진
실패 같으나 성공한 교회 이야기 _윤희윤

마을과 교회의 금을 씻어내는 천연비누

섬김과 나눔을 최우선 하는, 가난하지만 부요한 교회

강원도 홍천 개야교회

서울의 밤은 불야성을 이루지만 강원도 홍천군 서면 개야리의 밤은 별 그림자가 느껴질 정도로 적막하고 깜깜하다. 인구 130여 명. 집과 집 사이도 멀어 불빛을 보기가 힘들다. 흑막의 개야리 밤 골목에 유독 밝은 기운이 도는 날이 있다. 시곗바늘이 일곱 시를 향하면 하나둘 사람들이 나타난다. 하나둘 사람들이 교회 앞 골목에 들어서면 권영남 목사(35)의 손길은 바빠진다. 아내 최미애 씨(39) 손길은 더 바쁘다. 몇 번이고 파워포인트 자료를 돌려 보고, 비누 베이스가 잘 녹았는지 확인하고, 비누에 넣을 첨가물들을 책상 위에 정리하고 나면 와자지껄 인사하며 부녀회원들이 들어온다. 부녀회원들이 모이자 천연 비누 만들기 강습이 시작됐다.

최미애 씨와 부녀회원들이 비누를 만드는 사이 권 목사는 간식을 준비한다. 가게에서 사면 편하지만 꼭 손으로 만든다. 비누가 30~40분 정도 지나야 굳는데, 이때가 간식 시간이다. 간식 시간은 권 목사 부부와 부녀회원들이 마음을 트고 이야기할 수 있는 시간이기도 하다. 그래서 간식은 강좌 못지않게 중요하다. 손수 만든 고구마 케이크, 카나페 등 권 목사 부부가 아기자기하게 만들어 내

는 간식은 시골 아낙들에겐 별미다.

천연 비누 만들기는 개야교회가 마을 부녀회원들을 대상으로 두 달에 한 번 진행하는 문화 강좌다. 문화 강좌는 아이들을 위한 것도 있다. 매주 일·수·금요일엔 피아노 교습을 한다. 피아노 교실의 목적은 아이들에게 꿈꾸는 법을 가르치는 것이다. 개야리 아이들에겐 꿈이 없다. 어린 시절 커서 무엇인가 하겠다며 꿈꾸던 아이들도 중학교, 고등학교를 졸업하면 그냥 농사나 지어야겠다고 생각한다. 보통 시골 부모들은 어렵게 살기 때문에 자식 교육에 별 관심이 없거나, 자신들이 배우지 못한 한 때문에 아주 극성이거나 둘 중 하나인데, 개야리에는 극성인 부모가 없다. 그래서 플루트, 오카리나, 우쿨렐레 등 다양한 강좌가 있지만 실제로 배우려 드는 아이들은 많지 않다.

목회의 최우선은 나누는 삶

문화 강좌를 시작하는 데는 권 목사가 부임하고서 4년의 시간이 걸렸다. 개야교회는 문화 강좌를 열기 전에도 어버이날이 되면 마을 노인들에게 선물을 하고, 성탄절이 되면 마을 주민들에게 만두를 빚어 만둣국을 대접하는 일 등을 해 왔다. 하지만 교인들은 전통으로 해 오던 일 이상의 무엇인가를 주민들에게 해보려 하면 번번이 반대했다. 이유는 어차피 교회에 안 올 사람들인데 주는 것이 아깝다는 것이었다. 이런 교인들의 반응을 경험하며, 권 목사는 나누는 삶을 사는 것을 목회의 최우선으로 삼았다. 2개의 속(구역)을 4개로 바꿨다. 그리고 한 속은 미자립 교회, 한 속은 중국

선교사, 한 속은 해외 아동, 한 속은 지역 초등학교를 후원하게 했다. 못하겠다는 교인들을 계속해서 설득했다. 교인들은 시간이 걸렸지만 조금씩 변했다. 컴패션을 통해 아프리카 아이들을 위해 모자를 뜨자고 교인들에게 건의했다. 1,000원 헌금하는 것도 어려워하는 가난한 시골 교인들이 1만 2,000원이나 내며 참여할까 싶었는데 여럿이 참여했다.

이런 과정을 거쳐 개야교회 문화 강좌가 탄생했다. 천연 비누 만들기는 부녀회원들에게 일석사조의 프로그램이다. 우선 비누가 생겨서 좋고, 스스로 무엇인가를 만들어서 좋고, 맛있는 간식도 먹고, 부녀회원들끼리 눈치 안 보고 맘껏 수다를 떨 수 있어서 좋다. 강좌가 공짜인 것은 덤이다. 이렇게 좋은 것을 공짜로 주지만 예수만큼은 덤으로 얹어 주지 않는다. 권 목사 부부는 처음 문화 강좌를 시작할 때 예수에 관한 이야기는 하지 말고 먼저 지역 사회를 섬기자고 결심했다. 목사 부부가 먼저 예수 이야기를 하지 않으니 부녀회원이 신앙생활에 대해 먼저 묻기도 한다. 문화 강좌를 시작하는 것도 쉽지 않았지만 부녀회원이 먼저 신앙생활에 대해 묻기까지도 쉽지 않았다.

평소 부녀회는 교회가 마을 주민을 위한 행사를 할 때 잘 도와주는 편이었다. 권 목사는 부녀회가 교회 일을 도와주는 것을 보며 교회에 대해 많이 열려 있다고 판단했다. 그런데 그게 아니었다. 부녀회원들의 이야기를 들어 보니 교회는 부족하고 능력 없는 사람들이 다니는 곳이기 때문에 도와줘야 한다는 생각으로 교회 일을 돕고 있었던 것이다. 정신이 번뜻 났다. 교회가 지역 사회를 섬 긴다고 생각하고 있었는데 도리어 주민이 교회를 섬기고 있었던 것이다. 그래서 개야교회는 교회를 튼튼히 만드는 작업을 하고 있다. 예수 믿는 사람으로 이웃을 잘 섬기려면 먼저 튼튼해져야 하기 때문이다. 교회가 먼저 튼튼해져야 한다는 것은 문화 강좌를 통해서 배운 거다. 문화 강좌 때문에 교회에 대한 마을의 인식이 조금 바뀌었다. 부녀회원 중 교회에 아이를 보내는 사람도 생기고 마을 주민들과의 교제도 활발해졌다. 비누 만들기 강좌 중 한 부녀회원이 권 목사에게 남편이 드럼을 치는데 배우겠느냐고 물었다. 답은 고민할 것도 없이 "예"였다. 드럼을 배우는 것이 좋아서가 아니다. 남자 주민과 만날 기회가 생기는 것이 좋아서다.

한 번은 한 마을 주민이 교회 앞에 차를 급하게 세우고 권 목사를 불렀다. 바구니를 가져오라고 했다. 그러더니 고추를 한가득 주었다. 오이 고추라며 다른 사람 주러 가는 길에 생각나서 주는 거라고 했다. 처음 있는 일이었다. 개야교회의 변화는 주변 교회도 변하게 했다. 남자 속(구역)에서 후원하는 모곡초등학교에 지역의 다른 교회들도 함께 학생들에게 장학금을 주기로 한 것이다. 이 모임이 발전해 네 개 교회가 한 달에 한 번씩 프로그램을 진행하게 되었다. 그 범위도 초등학생에서 중학생으로 확대됐다. 놀이동산을 가는 등, 여러 교회가 모이니 한 교회가 하기 힘들었던 문화적 혜택도 함께 누리고 있다.

권 목사는 문화 강좌가 복음의 영역을 확장할 수는 있지만 완전

한 도구라고는 생각하지 않는다. 단지 비누를 만들고 함께 나누는 이야기를 통해 하나님이 좋은 길을 열어 주시길 기대할 뿐이다.

사례비 못 받는 목사가 굶지 않고 사는 법

아이가 둘 있는 권영남 목사의 사례비는 30만 원이다. 가난한 시골 마을에 교인이 20명인 교회가 재정이 넉넉할 리 없다. 그래도 굶지 않는다. 다 방법이 있다. 처음 사역할 때는 쌀이 떨어지면 교인들에게 이야기하지 못했다. 하지만 그때마다 어떻게 알았는지 교인들이 쌀을 가져다줬다. 물론 이제는 쌀 떨어지면 떨어졌다고 말할 수 있다. 명절이 되면 평소보다 쌀이 많이 들어와 친척들과 나눠 먹을 떡을 만들 수도 있다. 아이가 아파 굶주림을 면한 적도 있다. 큰아이가 가와사키라는 심장병에 걸렸는데 아는 사람들이 위로금을 줬다. 권 목사는 아이가 아파 먹고 살 수 있었지만, 이것만큼은 하나님께 감사하지 않고 서운하다고 했다. 지금 아이는 완치됐다. 몇 년 전에는 신호 대기를 하고 있는데 뒤에서 차가 받았다. 그 보상금으로 한 해를 살았다.

최미애 씨는 이런 삶을 행복하고 감사한 삶이라고 했다.

"사람들이 시골에서 목회하는 거 힘들지 않냐고 물어봐요. 이야기를 들어 보면 경제적으로 힘들지 않냐는 거죠. 우리는 다 행복한데 경제적인 것 하나만 힘들어요. 그런데 도시 사람들은 다 힘든데 경제적인 거 하나만 좋다고 하니 더 불행한 것 같아요. 작년에 친구들이 놀러 왔는데, 올 때는 '네가 참 힘들게 사는구나' 했는데 갈 때는 '참 행복하게 산다'고 하더라고요. 남들이 봤을 때 행복하게 보이니깐 참 감사해요."

- 개야교회 강원도 홍천군 서면 개야리 227 T. 033-434-0452

소 닭을 키워 아이들 웃음을 찾다

송아지 은행·지역아동센터·다문화가정지원센터 통해
지역과 함께하는 교회

전북 완주 석천교회

전라북도 완주군 화산면에 있는 석천교회는 지역을 위해 무슨 일을 할 수 있을지 늘 구상 중이다. 지금 진행하고 있는 프로젝트도 많아, 안재학 목사(40)의 설명을 듣기만 하는데도 숨이 찼다. 그중에는 잘 되고 있는 것도 있고, 도중에 실패한 것도 있고, 아직 갈 길이 먼 것도 있었다. 그나마 조금이라도 돈이 되는 것은 전부 지역아동센터와 다문화가정지원센터에 보내니, 실속 없는 교회인 셈이다.

 이 지역에는 소가 많다. 소가 1만 4,000마리로, 면 전체 인구 3,200명의 네 배다. 그러니 무슨 일을 하려 해도 소를 빼놓고 하기 어렵다. 소와 관련해 지역에서 할 수 있는 일이 무엇인가 고민하다가, 석천교회는 지역의 빈부 격차를 줄이기 위한 송아지 은행과 마을에 널린 소똥을 해결하기 위한 축분연료화사업을 추진하기로 결정했다.

 '송아지 은행'은 원하는 사람에게 교회가 소를 분양하고, 나중에 그 소가 낳은 송아지를 되돌려 받는 식으로 운영하고 있다. 이렇게 소가 흔한 지역에서 누가 소를 받으려 할까 싶지만, 사실 화산면 1,400가구 중 소 키우는 가정은 420가구뿐이다. 어떤 집이 300~400마리씩 키우는 반면 어떤 집은 한 마리도 키우지 않는다. 초기 비용이 없어서다. 마늘이나 양파 농사를 짓기도 하지만, 소를 키우는 것에 비해 목돈을 벌지는 못한다.

 석천교회는 가난한 사람들에게 희망을 주고 싶었다. 그래서 2009년 사회복지법인 우양의 지원을 받아 송아지를 한 마리 샀다. 송아지가 크는 데 2년, 수태 기간이 10개월이나 걸리니 시간이 드는 일이다. 안재학 목사는 1호 소를 키워 2010년 다문화 가정 이희영·누엔티게우 부부에게 주었다. 2호 소 역시 지역 다문화가정에, 3호 소는 저소득 가정에 분양했다. 또 지역의 골칫거리인 소똥을 해결할 방법을 모색 중이다. 타지 사람들에게 거름으로 쓰라고 줘도 소똥이 너무 많이 남는다. 고민하던 중, 횡성 지역에서 소똥을 연료로 쓴다는 소식을 들었다. 석천교회가 주도적으로 축분화력보일러

유치 작업을 하고 있다. 축분화력보일러를 설치하면 화산 지역 수질이 개선되고, 농가 경제 부담이 줄 것이라는 기대가 있어서다.

돈 벌어 남 주기

석천교회는 콩밭을 매고 닭도 키운다. 토종닭은 기장 기독교농촌개발원에서 지원을 받았다. 처음에는 산란용 닭을 키워 달걀을 팔려고 했다. 하지만 양계장에서는 300마리는 마릿수가 적어 배송하기 어렵다고 했다. 할 수 없이 토종닭을 사서 도축용 닭을 키웠다. 닭은 설사나 장염이 유행하면 떼로 죽고, 밤에 추우면 서로 몰려 있다가 죽기도 해서 여간 신경 쓰이는 게 아니다. 닭 사룟값도 만만치 않아, 주위 양계장 닭이 먹다 남긴 모이를 얻어 오기도 했다. 이렇게 닭을 팔아 절반은 남을 위해 쓴다. 아시아농촌개발원을 후원해 농촌 사역을 하려는 동남아시아 사람들을 돕는다. 콩밭을 매고, 기업에서 소를 위탁받아 키우는 대가로 받은 돈은 전부 지역 사회로 간다. 지역아동센터와 다문화가정지원센터를 지원한다.

송아지 은행을 위해 키우는 소 한 마리를 제외하고, 석천교회에서 키우는 나머지 다섯 마리 소는 기업에서 위탁받은 것이다. 석천교회는 3년 동안 소를 대신 키워 주고, 일정한 무게가 넘는 소에 대해서 마리당 200만 원을 받고 기업에 소를 돌려준다. 소를 키우는 게 쉽지는 않다. 지난겨울에 태어난 송아지는 아무것도 못 먹고 시름시름 앓다가 죽었다. 구제역이 확산되었을 때는 소가 죽을까 봐 마음 졸이기도 했다. 키우는 돈도 많이 든다. 곡물가와 함께 소 사료비도 올랐기 때문이다.

콩밭을 매는 일은 교인들이 자발적으로 한다. 평일에 시간을 내서 돌보거나 주말에 열대여섯 명의 교인들이 몰려가서 밭을 맨다. 애써 농사를 지었는데 콩 판 값을 교회 재정으로 쓰지 않고 모두 외부로 보내자니 교인들도 처음에는 불만이 있었다. 지역아동센터, 다문화가정지원센터와 교회는 차로 10분가량 떨어진 거리에 있고, 두 기관 중에 교회를 다니는 사람이 거의 없기 때문이다. 하지만 3년이 지난 지금은 자랑스러워한다. 마을사람들이 아이가 지역아동센터에 나간 이후로 말을 잘 듣고 밝아졌다는 얘기를 줄곧 하기 때문이다.

아이들이 변하는 이곳이 하나님나라

화산면 어른들은 무척 바쁘다. 한우를 키우거나 양파와 마늘 농사를 짓거나 옆 마을 딸기 농사를 돕느라 아이들에게 시간을 내기 어렵다. 챙겨 주는 사람이 없으니 학교가 끝나도 아이들은 집에 가기 싫어했다. 밤늦게까지 길거리에서 방황하는 아이들이 많아 그들을 돌볼 사람이 필요했다. 게다가 화산에 자율 중학교가 생기면서 공부 잘하는 아이들이 전국에서 몰려왔고 토박이들이 위축되었다. 다문화 가정 아이들은 더욱 어려움을 겪는다. 개중에는 불안한 아이들이 많았다. 이주 여성들은 시어머니나 남편과 갈등을 겪거나 이혼하는 가정이 많아서다. 겨우 열 살이 넘었는데 두 번이나 자살을 시도한 아이도 있었다.

안재학 목사의 아내 오미숙 목사(44)는 어느 날, 추운 날씨에 홑잠바를 입고 맨발에 머리를 며칠이나 감지 않은 모습으로 서 있는 아이들을 만나게 되었다. 어머니가 가출했고 아버지는 매일 술을 드신다고 했다. 오 목사는 아이들에게 마음이 쓰였다. 2007년 오랜 준비 끝에 화산지역아동센터가 생겼고, 마을 분위기가 달라지기 시작했다. 아이들이 밝아졌고, 어머니들은 걱정 없이 일하게 되었다. 제대로 챙겨 먹지 않던 아이들이 영양사가 만드는 밥을 먹게 되었고, 길거리 대신 갈 곳이 생겼다. 악기도 있고, 신간 도서도 있고, 독서 지도를 할 선생님도, 같이 놀 친구들도 있었다.

　다문화가정지원센터도 시작했다. 먼저 가정이 변해야 아이들도 변하기 때문이다. 문화 차이를 해소하기 위해 시어머니 교실을 열고, 의사소통을 위해 한글 학교도 개설했다. 베트남에서 온 누엔티

게우 씨는 이주 여성들이 함께 만나 공부하는 시간이 즐겁다. 이주 여성들이 밝아지는 걸 보는 오 목사의 마음도 기쁘다.

'교회 주일학교는 주일에만 열지만, 지역아동센터는 매일 열려 있잖아요. 지역아동센터와 다문화가정지원센터를 통해 하나님나라가 세워지는 것 같아요. 불안했던 아이들이 안정을 찾아가는데 이보다 기쁜 일이 있을까요?'

"다문화 가정을 돕는 것이 지역을 위한 일이에요"

꽃샘추위에 비가 부슬부슬 내리던 날, 안 목사 부부는 누엔티게우 씨 집을 찾았다. 안부도 묻고 군에서 지원하는 기금도 전달할 겸 방문했다. 이들은 궂은 날에는 추위를 피해 고모 집에서 지낸다고 했다. 찾아가는 날도 날씨가 곱지 않아 집에 있을지, 없을지 걱정되었는데 누엔티게우 씨와 남편 이희영 씨가 반갑게 맞았다. 누엔티게우 씨는 우리에게 커피를 마실 건지, 녹차를 마실 건지 물어볼 정도로 한국말이 능숙했다. 누엔티게우 씨처럼 한국말을 능숙하게 하는 이주 여성은 많지 않다. 말을 배우기까지 의사소통에 어려움이 있을 수밖에 없다. 문화 차이도 있어서 고부 갈등, 남편과의 갈등도 겪는다. 그리고 돈의 문제도 있다. 한국 남성들은 이주 여성과 결혼하면서 최소 1,500만 원 이상의 빚을 지고, 여성들도 친정에 얼마 이상의 돈을 보내기로 하고 결혼한다. 이런 다문화 가정에 도움이 될 꿈으로 석천교회는 송아지를 키우고 있다.

누엔티게우 씨 가정이 첫 수혜자. 2010년 누엔티게우 씨 가정은 석천교회에서 송아지를 분양받았다. 애지중지 키운 송아지가 이제 제법 어른소 티가 난다. 누엔티게우 씨 부부는 올해 소의 출산을 함께하게 될 것이다. 심장이 팔딱팔딱 뛰는 송아지를 안을 생각을 하니 벌써부터 마음이 설렌다.

● 석천교회 전북 완주군 화산면 운곡리 1053 T. 063-262-5641

할머니들 꿈이 이뤄지는 한글학교

배움을 통해 잃어버린 꿈과 즐거움을 회복하는 교회

전남 완도 보길중앙교회

"1천 자 배우는데 얼마나 걸리는 줄 아십니까. 5만 자 중에 1천 자도 이러는데, 전하의 글자는 몇 자나 되십니까?"

"28자."

"1,028자요?"

"아니, 그냥 28자."

"그게 말이 됩니까? 헛간 안에 있는 물건도 28개는 됩니다."

세종대왕의 한글 창제를 담은 드라마 〈뿌리깊은 나무〉 속 대사다. 단 28개(지금은 24개)의 글자만 외우면 모든 글을 읽고 쓸 수 있게 되니 문맹률은 급격히 떨어졌다. 우리나라의 문맹률은 0%라고들 이야기한다. 하지만 여전히 한글을 배우는 것이 소원인 사람들이 있다.

"왜 그런지 가슴이 두근거려요, 학교만 가면, 한글만 보면. 설레는 마음을 달랠 길 없어. 공부하고 싶은가 봐요."

매일 저녁 노랫소리가 보길중앙교회 예배당에 울려 퍼진다. 저녁 7시 20분, 이 노래로 '꿈꾸는학교'가 시작한다. '꿈꾸는학교'는 보길중앙교회가 운영하는 한글학교다. 얼마 전에는 평생교육기관으로 등

록도 했다. 학생인 박연진 할머니(72)는 노래 가사처럼 한글만 보면 가슴이 설렌다. 박연진 할머니는 보길도에서 태어났다. 보길도는 지금도 남자라면 어린아이에게도 어르신이라 부를 정도로 남녀차별이 심하다. 박 할머니도 여자가 배워서 뭐하냐는 분위기에 공부할 생각은 꿈에도 못했다. 제 손으로 이름 석 자 쓸 수 없다는 사실은 나이 들며 한이 됐다. 공부하고 싶었다. 평생소원이 한글만이라도 제대로 읽고 쓰는 것이었다. 주변에서는 노인네가 이제 공부해서 뭐하느냐고 했다. 낮에는 해야 할 일이 산더미였다. 미역 캐다 전복 밥 주고, 양식장도 관리해야 한다. 그러다 벼르던 공부를 시작했다. '꿈꾸는학교'에서 한글과 산수를 배웠다. 나이 들어 공부하니 돌아서면 자꾸 잊어버린다. 공부하는 것이 힘들 땐 50살에만 시작했어도 하는 생각을 하지만, 지금이라도 공부할 수 있어 감사하다. 10년 계획을 세웠다. 아무리 늙었어도 10년 동안 공부하면 뭐든 척척 읽고 쓸 수 있게 될 것 같다. 꿈꾸는학교 학생 15명은 모두 박연진 할머니와 비슷한 사연을 가지고 있는 할머니들이다. 여자라는 이유로 공부하지 못했다. 학교에 나오기 전에는 혼자서 전화번호도 못 눌렀고, 은행도 못 갔다. 항상 누군가의 도움을 받아야 했다.

세상에서 가장 재밌는 공부

'꿈꾸는학교'는 3교시로 구성된다. 1교시에는 류영구 목사(47)와 받아쓰기를 한다. 류 목사는 노트에 겸손을 써 보라고 했다. 그러면서 글자만 알면 안 된다며 겸손한 삶이 무엇인지 이야기한다. '사랑'을 쓰라고 한다. 할머니들은 류 목사의 이야기에 글자 쓰기가 바쁘다. '사랑'을 '사람'으로 쓰고도 의기양양하다. 할머니들의 의기양양했던 표정은 2교시 받아쓰기 수업이 시작하자 점점 의기소침해진다. 채점도 하지 않고, 등수도 매기지 않지만 시험은 시험이다. 할머니들이 웅성웅성 소란스럽다. 한 할머니가 못 쓴다며 걱정하자, 옆에 앉은 할머니가 "걱정하지 마소. 동무 있으니깐" 한다. 다른 할머니는 "읽을 수 있으니깐 괜찮소" 한다. 할머니들은 반듯반듯, 연필을 꾹꾹 눌러 가며 글씨를 쓴다. 이날 받아쓰기 중 할머니들이 가장 어려워한 단어는 '꽃냄새'다. 꽃의 받침을 'ㅊ'으로 써야 하는지 'ㅈ'으로 써야 하는지, 냄새의 모음은 'ㅐ'인지 'ㅔ'인지 영 헷갈린다. 10

개를 받아쓰는 데 20분이 넘게 걸린다. 할머니들은 썼다 지우기를 반복하고 옆 사람에게도 물어 가며 끝내 다 써낸다. 8시 25분이 되자 받아쓰기할 것이 남아 있는데도 수업이 끝났다. 2교시 끝나는 시간은 꼭 지켜야 한다. 8시 30분에 시작하는 드라마를 보기 위해서다. 드라마가 끝나고 사모 원미경 씨(47)와 할머니들은 건강 체조를 한다. 오랜 시간 앉아서 공부하는 할머니들을 위해서다. 몸을 이리저리 움직이고 손뼉 치며 할머니들은 뭐가 그리 신나는지 싱글벙글한다. 그러고 보니 받아쓰기를 할 때 잠깐을 제외하고는 수업 시간 내내 얼굴에 웃음이 가득하다.

평생소원은 글을 읽고 쓰는 것

'꿈꾸는학교'가 처음 생긴 이유는 할머니 교인들이 스스로 성경과 찬송을 찾을 수 있게 하기 위해서였다. 보길중앙교회는 할머니 교인이 많다. 지금은 30여 명 교인 중 젊은이와 남자도 여럿 있지만 류 목사가 처음 부임했을 때는 할머니 교인만 10명 남짓했다. 예배할 때 보니 할머니들이 글을 몰라 성경도 찬송도 못 찾는 것이었다. 교인들을 도와줘야겠다는 생각에 할머니들에게 글을 가르쳐 주기 시작했다. 그러면서 보길도 할머니들의 한을 알게 됐다. 그리고 8년 전 '꿈꾸는학교'가 만들어졌다.

할머니들은 글을 알고부터 다른 어떤 일보다 글을 읽는 것을 더 즐거워한다. 꿈꾸는학교는 일 년에 두 번 소풍을 가는데 놀러 가도 새로운 글씨를 읽는 것에 더 관심을 보인다. 한번은, 목포로 영

화 보러 갔는데, 할머니들은 영화 포스터 글자를 읽는 것을 영화를 보는 것처럼 좋아하셨다. 음식점에 가도 밥 먹는 것만큼이나 메뉴판 읽는 것이 신난다. 류 목사는 할머니들이 평생소원을 이뤄 가는 것이 기쁘다. 이 일을 통해 누군가 교회에 나오는 것은 자기 몫은 아니라고 생각한다.

"함께하는 사람도 기쁘고 나도 기쁘니, 하나님께서 기뻐하시지 않겠어요. (전도하는 일에) 서둘렀으면 제풀에 지쳐 이 일을 못했을 거예요. 나는 다만 청지기가 되어 하나님께서 기뻐하시는 일을 하는 것뿐이에요."

하나님께서 류 목사의 마음을 알았을까. 수업이 끝나고 할머니들을 바래다주는 차 안에서 박주복 할머니에게 교회에 안 다니시는데, 학교가 교회에서 하는 거라 거리낌은 없었는지 물었다. 할머니는 물음에는 대답하지 않고, "이제 (내가 지내던) 제사를 아들이 가져가는디, 제사만 넘기면 교회에 나갈라 그려"하고 말했다.

손주 꿈 영그는 아동 센터

보길도에는 조손 가정이 많다. 섬에서 할 수 있는 일은 바다 일이나 농사일 따위로 정해져 있다. 그러다 보니 살림이 어려워 부모는 돈 벌러 육지로 나가고 할머니와 할아버지가 아이를 맡아 기르는 거다. 할머니, 할아버지는 나이 들어 손주를 양육하는 것이 경제적으로나 체력적으로나 고달프다. 부모님과 함께 생활하지 않는 아이는 열등감과 정서적 결핍을 느낀다. 거기에 가난으로 인한 상대적 박탈감까지 쌓여 늘 주눅 들어 있다. 조손 가정 아이들은 학습 능력이 떨어진다. 나이에 맞는 교육을 받지 못해서다. 할머니, 할아버지는 배우지 못했다. 일하느라 아이를 잘 돌보지 못한다. 3학년이어도 한글을 모르는 아이도 있다. 말이 어눌한 할머니와 함께 살다 말을 배우지 못했다. 보길중앙교회에서는 이 아이들을 위해 꼬예아동센터가 시작했다. 꼬예는 꼬마 예수의 준말이다.

돌봄을 받으니 아이들은 점점 변했다. 1학년 때 10점 맞은 아이가 2학년이 되어 90점을 받았다. 자기 의견도 잘 말하지 못하던 아이들이 이제는 당연하다는 듯이 먹고 싶은 간식을 요구한다. 꿈이 없던 아이가 헤어 디자이너라는 꿈도 생겼다.

류 목사는 아이들을 위해 프로젝트 전문가가 됐다. 상급 학교에 올라가는 아이를 위해서는 교복을, 책을 보고 싶어 하는 아이를 위해서 책을 지원받아 온다. 겨울에 따뜻하게 공부할 수 있도록 난방유를, 나들이가 필요할 땐 여행비 지원을 받아 온다. 이리저리 발품, 손품을 판 결과다. 류 목사에게 보길도에서 태어나고 자란 딸이 있기 때문에 아이들에게 더 눈길이 가는 것 같다.

- 보길중앙교회 전남 완도군 보길면 부황리 3-1 T. 061-553-7174

개천을 청소하는 아이들

마을 청소와 운동을 통해 청소년을 만나는 교회

충북 옥천 행복한교회

옥천을 가로지르는 금구천은 멀리서 봐도 기름이 떠 있다. 냄새도 역하다. 개천 양쪽에 늘어선 포장마차에서 술을 마시고 이곳에 노상 방뇨를 하는 사람도 있다. 폐타이어가 버려져 있고 부서진 의자가 아무렇게 나뒹군다. 비닐봉지나 플라스틱 병은 물론 음식 쓰레기도 있다. 이끼도 지나치게 많고 거품이 떠다닌다. 정지용 시인이 일찍이'향수'에서"넓은 들 동쪽 끝으로 옛 이야기 지즐 대는 실개천"이라고 표현했던 그 고향 옥천의 실개천이 이것이 맞나 싶다.

어른들이 더럽힌 개천을 청소년들이 청소하러 나섰다. 일주일에 한 번 커다란 쓰레기봉투를 들고 나타나는 이들은'옥천홀리클럽봉사단' 옥천 행복한교회(2010년 당시 주님의교회)를 통해 모인 청소년들이다. 겨울에 시내를 청소했던 이들은 봄을 맞아 개천을 손보기로 했다. 막대기를 이용해서 쓰레기를 집었는데도 결국 손이 까매진다. 형이 아끼는 옷을 빌려 입고 나왔는데 구정물이 묻었고, 새로 산 신발은 유리 조각 때문에 구멍이 났다. 청소거리가 많아서 한 시간 남짓을 했는데도 120미터밖에 못 갔다. 개천 한가운데 들어가서 쓰레기를 주우라고 서로 떠밀기도 하고, 폐타이어 하나 건

져 내고는 같이 달려 나온 이름 모를 생물을 살려 주느라 부산했다. 쓰레기봉투가 찢어지고 구정물이 튀자 소리를 질렀다.

지나가는 할아버지가 "욕보네"하며 격려하자 아이들이 환하게 "고맙습니다"하고 화답했다. 다훈이(16)는 칭찬받으려고 하는 것이 아닌데 어른들이 알아주니 기분이 좋다. 정환이(16)는 태어나서 처음으로 누가 시켜서 하는 게 아닌 자발적인 봉사를 했다. 50리터와 100리터짜리 쓰레기봉투가 두 개씩 꽉 찼다. 스티로폼과 호스, 나무 막대기, 폐타이어, 플라스틱 등이 한가득하다. 깨끗해지는 게 눈에 보이니 기분이 상쾌했다.

여덟 명 학생들이 양손에 쓰레기를 가득 들고 걸어가는 모습을 오필록 목사가 흐뭇하게 바라봤다. 처음에 만났을 때 청소년들은 지금보다 더 수동적이었다. 봉사 활동을 하고, 무엇이든 배울 것을 정해 꾸준히 하자는 제안은 오 목사가 했다. 하지만 어디에서 어떤 봉사를 할지, 무엇을 배울지 각자가 정하라고 했는데 아무도 의견을 내지 않았다. 무엇을 해야 할지 모르겠다고만 했다.

> "요즘 애들은 스스로 무언가를 해낸 경험이 부족해요. 주어진 대로 산 거죠. 대전이라는 대도시에 가려서인지 열등의식도 있고 '여기는 시골이니까' 라며 뭘 도전하려 하지 않아요. 청소년들이 미리 자기를 제한하니 안타깝죠."

아이들의 마음을 연 '축구'

오 목사는 청소년들에게 더 넓은 세상을 보여 주고, 할 수 있다는 자신감을 심어 주고 싶었다. 그런데 정작 그들을 만날 기회가 별로 없었다. 그러다가 취미를 연결 고리로 삼자는 생각을 했다. 축구하다가 만난 아이들과 옥천청소년축구단을 만들었다. 이들은 3년 넘게 매주 토요일 오후 네 시에 운동장에 모인다. 몸을 웅크리고 있어서 쉬이 다치기 쉬운 겨울과 비가 억수같이 쏟아지는 날만 제외하고 매주 모인다. 30분 정도 몸을 푼 후, 스무 명 아이들이 두 팀으로 나눠 본격적으로 경기를 한다.

4월 둘째 주 토요일, 아이들이 어김없이 운동장에 모였다. 비가 올 듯 말 듯 약간 쌀쌀한 날씨인데도 축구공을 따라 우르르 몰려다니는 아이들의 이마에는 땀방울이 송골송골 맺혔다. 재남이는 축구를 하면서 스트레스를 푼다. 누나가 공부를 잘해 자주 비교를 당한다. 또래인 중3 아이들은 공부로 인한 불안감이 크다. 옥천에는 인문계 고등학교가 하나라 들어가기가 쉽지 않아서 더하다. 아이들은 그나마 공을 차면서 스트레스를 날려 버린다.

이들이 축구하는 것을 보고 어른들도 몇 명 합류했다. 운동을 좋아하는 동네 주민 김영승 씨(55)와 목회자조기축구회 목사들도 나온다. 학부모 중에도 함께하는 사람이 생겼다. 천성수 씨(43)는 청소년축구단의 코치 역할을 맡고 있다. 천 씨는 옥천중학교에 다니는 지웅이(16)의 아버지다. 코치를 하면서 그는 아들에 대해 더 잘 알게 되었고 아들의 친구들과도 스스럼없이 지내게 되었다. 같이 땀을 흘리고 운동하면서 아이들은 부모에게 솔직해졌다. 여자 친구를 사귀면 사귄다고 말하고, 피시방을 가면 간다고 말하게 되었다. 아버지는 또래끼리 있을 때의 아들 모습도 알게 되었다. 그렇게 새로운 모습들을 관찰하고 발견한다. 주말 오후에 몰려다니면서 무엇인가를 했을 아이들인데 모여서 축구를 하니 천 씨는 안심이 된다.

학부모들은 아이들에게 관심을 가지는 오 목사가 고맙다. 가끔 학부모들은 아이들을 통해 오 목사에게 과일 한 바구니를 보내기도 하고, 고맙다는 인사를 전하기도 한다. 아이들 입장에서 어른들과 같이 운동하면 가장 좋은 것은 간식을 먹을 수 있는 거다. 가끔 고기로 배 불릴 기회도 있다. 그럴 땐 한 사람이 대여섯 그릇씩 비우는 것은 기본이다.

 지난해에 사회복지법인 우양의 지원을 받아 아이들은 유니폼을 받았다. 감리교 충북연회에서 하는 체육 대회에 나갔는데 비록 경기는 졌지만 단체로 유니폼을 입으니 제법 폼이 났다. 축구반 반장 재남이(16)는 어른과 축구를 하면서 배우는 게 있다. 아이들끼리는 축구하면서 서로 욕도 하고 말을 험하게 했는데 아무래도 어른이 있으니 말을 자제하게 된다. 팀에서 누가 실수하면 이전에는 서로 짜증을 냈는데 이젠 그러지 않는다. 어른들은 누군가 실수했어도 격려해 주고 코치해 준다.

 그렇다고 아이들끼리 놀리지 않는 것은 아니다. 마지막 순간에 재남이가 상대편 공을 놓쳤다. 골이 들어가자 아이들이 "그것도 못 막냐"고 놀린다. 아이들이 상대편 문지기 창주(16)와 자꾸 비교한다. 창주는 육상부 출신이라 그런지 운동 신경이 남다르다. 재남이는 초창기부터 축구단을 했는데 2주 전에 처음 온 상대편 골키퍼와 비교당하니 기분이 썩 좋지는 않다. 머쓱해 하면서도 자극받아서 더 잘하라고 아이들이 말하는 것인지 안다며 화를 내지는 않는다.

한판 경기가 끝났는데 재남이가 남아서 무언가를 한다. "목사님이 반장을 하라고 해서 처음에 기분 좋았는데, 지금은 귀찮아 죽겠다"고 말은 그렇게 하면서도 재남이는 반장답게 아이들이 먹고 나서 한 곳에 모아 놓은 빈 물병을 치웠다.

축구단에는 다양한 아이들이 있다. 학교에서 임원인 아이들도 있고 말썽을 일으키는 아이도 있다. 운동을 전문적으로 하는 아이도 있고 몸이 아파서 어쩔 수 없이 운동을 시작한 아이도 있다. 이들은 처음에 끼리끼리 놀았다. 오 목사 표현대로 물과 기름처럼 섞이지 않았다. 지금은 많이 달라졌다. 운동을 하면서 아이들이 바뀌는 게 보인다. 오 목사는 이들이 인성과 체력을 갖춘 어른으로 잘 자라날 거라 믿는다.

옥천 영어 도서관

행복한교회는 영어 도서관을 만들 준비를 하고 있다. 오필록 목사는 청소년들을 만나면서 작은 도서관을 만들 꿈을 오래 전부터 꾸고 있었다. 영어로 된 책을 보고 싶어도 보기 어려운 곳, 옥천에서 손쉽게 영어책을 구할 수 있는 터전을 만들고 싶었다. 책을 통해 아이들과 학부모들이 자유롭게 노니는 공간을 만들고 싶었다. 그러다가 교회영어도서관만들기 운동본부를 만나게 되었고 오 목사는 이곳에서 관련 교육을 마쳤다. 영어 도서 1,000권을 무료로 대여받을 수 있는 자격을 갖추었다. 필요한 시설들이 준비되는 대로 바로 도서관을 지으려 한다.

이 도서관을 통해 청소년들에게 꿈을 심어주고 싶다. 으레 좌절하고 쉽게 포기하고 도망가려는 청소년들을 격려하고 싶다. 그런 아이들을 도서관을 통해 만나고 부대끼고 이야기하고 싶다. 지금껏 해왔던 대로 이렇게 말할 것이다.

"무엇이든 마음껏 하고 싶은 대로 해 봐."

● 행복한교회 충북 옥천군 옥천읍 가화리 258-21 T. 043-733-0191

우리 교회 주인은 아이들

문 닫은 교회에서 마을의 선한 이웃으로 거듭난 교회

경남 고성 선한이웃교회

13년 전 선한이웃교회(당시 영오감리교회)는 문 닫은 교회였다. 전임자가 교회를 떠난 지 오래였다. 교인도 없고 예배도 없었다. 1999년 강석효 목사 부부가 부임해 거미줄을 떼고 교회에 걸린 빗장을 풀었을 때 "여기 우리 교회인데. 우리 여기 교회 다녔어요" 하며 네 명의 초등학생이 교회에 발을 들여 놓았다. 모두가 떠난 교회를 아이들이 지키고 있었던 것이다. 강 목사는 이 아이들 넷과 교회를 시작했다.

교회는 아이들과 함께 자랐다. 초등학생, 중학생이었지만 교인도 늘었다. 교회에 나오는 어른들은 몇 없었지만 별 문제가 되지 않았다. 어른들의 빈자리는 아이들이 메웠다. 중학생이 되면 주일학교 교사를 했다. 밥 먹은 그릇 설거지도 아이들의 몫이었다. 주일 예배 성가대, 대표 기도, 청소까지 모든 일에 아이들의 손이 닿았다. 타지로 상급 학교에 진학한 아이들도 일요일에는 예배하러 왔다. 처음부터 아이들이 그렇지는 않았다. 초창기, 초등학교 때는 열심히 교회를 다니던 아이들이 중학교에 가며 교회를 나오지 않았다. 힘 빠지는 일이었다. 목회의 한계인가 고민했다. 그러다 병주를 만났다.

아이들이 바뀌다

강 목사는 동네 구석구석을 돌아다니며 독거노인을 살피다 병주를 만났다. 아버지 없이 암에 걸린 어머니와 살던 병주는 영오에서 손버릇 나쁘기로 소문나 있었다. 강 목사는 병주가 너무 안타까워 병주 집을 방문하여 살림살이를 살폈다. 관심을 보이는 어른이 생기자 병주는 변했다. 손버릇을 고쳤다. 공부하고 싶다며 공부를 가르쳐 달라고 요구했다. 그리곤 공부라면 끝에서 2등 하던 아이가 앞에서 2등을 했다. 강 목사는 병주가 잘 자라는 모습을 보는 것이 너무 행복했다. 하나님께서 왜 자신을 시골 목회자로 보내셨는지, 목회가 무엇인지 깨닫게 됐다.

병주 같은 아이뿐 아니라 영오 지역 아이 대부분이 돌봄의 손길이 필요했다. 땀을 흘린 만큼 소출을 내는 땅으로부터 아이들을 키울 만큼 작물을 거두려면 영오의 어른들은 새벽부터 저녁까지 일해야 한다. 부모들이 일하는 동안 아이들은 방치됐다. 시골이라 집이 띄엄띄엄 있어 아이들끼리 모여 놀기도 쉽지 않았다. 문화적으로도 소외되었다.

강 목사는 아이들을 위해 지역 아동 센터를 시작했다. 부모를 대신해 아이들을 돌봤다. 바쁜 부모 대신 함께 공부하고, 목욕하고, 놀았다. 아이들을 위해서라면 낯선 사람을 찾아가 도움을 구하는 것도 마다하지 않았다. 하루는 경상대 교수에게 아이들에게 바이올린을 가르치고 싶다며 무작정 편지를 썼다. 다행히 긍정적 대답이 왔다. 바이올린을 싸게 살 수 있도록 도와줬고, 레슨할 제자를 소개해 줬다. 강 목사의 도움 요청에 미국에서도 손길이 찾아왔다. 여름방학에 아이들을 위해 프로그램을 진행해 줄 분들을 찾는 기사를 인터넷에 올렸었는데 꿈꾸지도 않았던 미국에서 답이 왔다. 교회로 재미교포 청년들이 찾아와 영어캠프를 열었다. 매년 찾아오겠다고 한다. 지역 아동 센터를 건축하는 것을 도와 주겠다고도 했다.

병주처럼 다른 아이들도 지역 아동 센터와 교회를 나오며 변했다. 어른들 사이에 '선한이웃교회에 다니는 아이들은 모두 착하고 공부 잘한다', '교회에 가면 아이들이 사람 된다'는 소문이 돌았다. 그러면서 아이들이 교회나, 교회에서 하는 아동센터에 나가는 것을 반대하던 어른들이 아이들을 아동센터에 보내기 시작했다. 교회 다니는 것을 반대하지 않았다. 아이를 따라 교회에 나오는 부모들도 생겼다. 강 목사 부임 후 교회에 나온 첫 어른도 학부모였다. 이경주 씨(45)도 딸 수연(20)이가 예전에 바이올린을 배우기 위해 아동센터에 나간다고 했을 때 탐탁지 않아 했다. 바이올린을 배워 무엇에 쓰나 싶었다. 하지만 수연이가 아동센터를 다니고 교회를 다니며 모범적으로 학교생활을 하는 것을 보며 마음이 바뀌었다. 그리고 교회에 다니기 시작했다.

교회 이름이 바뀌다

지금 건물에 아동센터가 자리 잡는 것도 주민들의 도움 덕이다. 전에 있던 건물은 너무 낡아 비와 바람이 샜다. 아동센터를 하며 아이들에게 쾌적한 공간을 제공하기 위해선 이사를 해야 했다. 교회는 돈이 없었다. 전세금도 집주인이 너무 가난해 되돌려 받을 수 없었다. 이런 교회 사정을 안 사람들이 하나둘 후원했다. 외국에서 돈을 보내 온 사람들도 있었고 교회에 다니지 않는 주민들도 후원했다. 이사하고 교회 이름을 영오감리교회에서 선한이웃교회로 바꿨다. 선한 이웃들이 도와줘서 이전할 수 있었다는 의미와 교회도 선한 이웃이 되자는 마음을 담았다.

선한이웃아동센터에 다니는 아이들은 공부 잘하고 모범적인 것으로 소문났지만 정작 아동센터에서는 공부를 강요하지 않는다. 아이들은 맘껏 놀아야 철든다는 것이 아동센터 운영 철학이다. 교육 과정은 대부분 아이들이 시골에 살며 쉽게 접할 수 없는 것들을 경험하도록 꾸려졌다. 쉬는 날이면 아이들과 박물관으로 도시로 체험 학습을 간다. 진주에 있는 박물관은 너무 자주 가 특별 기획전이 열릴 때마다 박물관에서 아이들을 무료로 초대해 준다. 매주 토요일 함께하는 등산과 목욕도 아주 중요하다. 아이들이 아동센터에 오면 학습지를 두 장이나 세 장을 풀지만, 풀지 않는다고 해서 혼내는 사람은 없다. 문제집을 풀라고 강요하지도 않는다. 아이들은 자신의 필요에 따라 스스로 문제집을 푼다. 다른 공부도 마찬가지다. 아이들은 자신의 흥미와 특기에 따라 배우고 싶은 것을 선택한다. 피아노에 흥미 있는 아이들은 피아노를 배운다. 중국어를 배우고 싶은 아이는 중국어를 배운다. 강석효 목사는 아이들이 선택한 것을 끈기 있게 해 낼 수 있도록 격려하고 믿어줄 뿐이다.

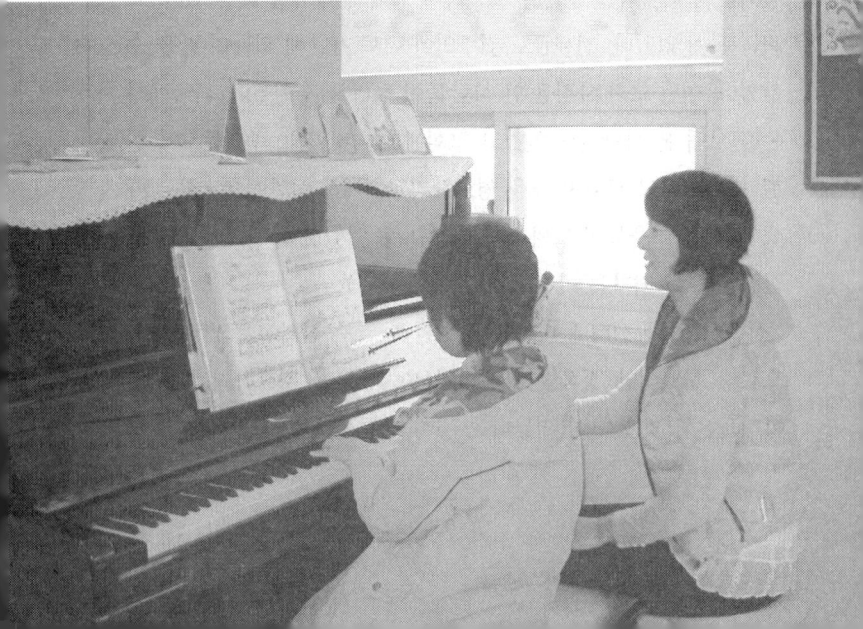

"장례 걱정 마이소"

강석효 목사는 특별한 일이 없는 한 매일 아침 9시가 되면 집을 나선다. 혼자 사는 할머니 집을 방문하기 위해서다. 영오면 주민 중 노인 비율은 20%가 넘는데, 대부분 혼자 된 할머니들이다. 자식들을 도시로 떠나보내고 혼자 사는 할머니들에겐 살펴야 할 것이 한둘이 아니다. 할머니 집에 방문하면 집안 구석구석을 살핀다. 손볼 곳은 없는지, 냉장고에 반찬은 있는지, 밥 먹은 흔적은 있는지 확인한다. 이렇게 살펴야 다음에 할머니에게 필요한 것을 가져올 수 있다. 과일이 없으면 과일을, 쌀이 없으면 쌀을 가져온다. 반찬 봉사를 하는 사람과 연결해 주거나 집을 수리해 주는 단체를 소개해 주기도 한다. 그리곤 할머니 곁에 털썩 앉아 백 번도 더 들은 이야기를 듣는다. 할머니들에게는 말벗이 되어 주는 것만큼 좋은 것이 없다. 할머니들은 속아서 결혼한 이야기, 할아버지가 애먹인 이야기, 시부모 병시중을 23년이나 한 이야기, 둘째 아들이 돈 벌어 마을에서 제일 먼저 슬레이트 지붕을 해 준 이야기를 처음 하는 것인 양 늘어놓았다. 강 목사는 처음 듣는 것인 양 "그랬습니꺼"하며 맞장구친다. 할머니들과의 이야기는 사는 것으로 시작해 죽는 것으로 끝난다. 혼자 사는 할머니들은 아무도 모르게 혼자 죽을까 걱정이다. 자식들과 연락이 잘 닿지 않는 할머니들은 더 그렇다. 그래서 강 목사는 할머니들을 만날 때마다 꼭 말한다. "장례 걱정은 마이소. 내가 염도 해 주고 양지바른 곳에 묻어 줄게예. 제사 걱정도 하지 마소. 할머니 기억하며 내가 예배할게예." 이 말을 듣는 할머니들은 못 들은 척했지만 입가에는 미소가 번진다.

● 선한이웃교회 경남 고성군 영오면 오서리 1611-66 T. 055-673-4574

꿈을 꾸는 '도토리와 친구들'

어린이 도서관, 청소년 공부방, 북 카페로 동네 아이들 요새 된 교회

경남 합천 초계중앙교회

경남 합천군 초계면은 사방이 산으로 둘러싸여 있다. 약간만 높은 곳에 올라가도 초계면 전체가 한눈에 내려다보일 정도로 평평한 분지이지만, 둘러싼 산은 만만치 않아 그를 넘어 외부로 가기가 쉽지 않게 느껴진다. 예전에는 산을 성벽 삼아 초팔국이라는 한 나라가 세워졌을 정도로 고립된 지역이다. 요즘은 하루에 일곱 번 대구행 버스가 오가지만 그나마도 타는 사람이 몇 없다.

배타성이 짙고 변화를 싫어하는 지역 사람들처럼 청소년들도 꿈을 꾸고 도전하기보다, 살아왔던 대로 익숙하게 살려고만 한다. 도시로 대학을 가라고 하거나, 배우가 되고 싶다기에 연기 학원을 다니라 하면 "어떻게 내가 그렇게 해요?" 말하며 눈을 동그랗게 뜬다. 그렇게 매사 자신 없어하던 아이들이 몇 년 새 변했다. 청소년 공부방 '도토리와 친구들' 아이들은 서울에 있는 학교로 진학하자고 약속했다. 그리고 올해 두 명의 여학생이 서울로 대학을 갔다. 초계면에서는 정말 드문 일이다. '도토리와 친구들'을 운영하는 이진용 목사는 아이들이 이전에 감히 도전하지 못했던 목표를 세우는 것이 대견하고, 서울과 대도시에 있는 대학을 특별한 사람만 가는 곳으로 여기던 생각을 버린 것, 또 해낸 것이 반가울 뿐이다.

책을 통해 다른 세상 만나다

어린이 도서관과 청소년 공부방 '도토리와 친구들'은 아이들에게 꿈을 심어주고 싶다. 다양한 사람을 만나고 많은 곳을 여행하며 영향을 받는 것이 가장 좋은데, 외진 곳에 있어 그럴 수 없으니 책을 통해 사람을 만나게 해주어야겠다고 생각했다. 그런 마음 때문에 교회에 돈이 생기면 먼저 책을 구입한다. 일주일에 한 번 꼴로 새 책을 들였더니 4년 만에 7,500권이나 되었다.

오전 10시부터 저녁 7시 사이에 누구나 도서관을 이용할 수 있다. 원하는 책을 읽은 후 제자리에 꽂고, 빌리고 싶은 책은 목록에 적으면 된다. 한 사람이 일주일 동안 두 권을 빌릴 수 있고 대여 기간을 넘기면 100원의 벌금을 문다. 반납 기간이 지났다고 재촉하거나 벌금을 내지 않는다고 캐묻는 사람은 없다. 그래도 도서관은 늘 깨끗하고 책 상태도 양호하다. 관리하는 사람이 없으니 아이들이 자율적으로 움직이기 시작했다. 좋은 책을 추천해 달라고 이 목사에게만 묻던 아이들이 언제부턴가 서로 책을 추천해 돌려 읽기 시작했다. 도서관 정돈이며 화장실 청소도 알아서 한다. 여학생이라고 막힌 화장실 뚫는 일을 마다하지 않는다.

도서관은 오후 5시부터 11시까지 청소년공부방으로 운영된다. 어떤 아이는 처음부터 끝까지 공부방에 있고 어떤 아이는 학교에서 자율 학습을 마치고 9시 30분에야 오기도 한다. 어떤 아이는 공부방에서 주는 밥만 먹고 다시 학교에 가서 공부한다. 밥을 먹을 수 있는 것 외에도 좋은 점은, 공부가 끝나면 이 목사가 차로 집에 데려다주는 것이다. 더욱이 2011년 10월에는 공부방 옆에 초콜릿 카페 '도토리의 꿈'이 생겨 공부방 아이들에게 자랑거리가 늘었다. 면에 나가도 순 다방뿐이지 카페는 찾아보기 힘든데, 공부방에 예쁜 카페가 있다는 건 대단한 일이다. 종류도 다양하고 맛도 좋은 초콜릿도 있다. 이 목사와 아내가 각각 바리스타와 쇼콜라띠에 자격증을 땄다. '도토리와 친구들' 공부방의 자립을 위해서다.

주현이(19)는 공부방이 좋다. 학교에서는 또래들끼리 있어서 모르는 것을 물어도 도움이 되지 않았는데 공부방에서는 언니들이 알려 주었다. 학교보다 조용하기도 하다. 아이들끼리 타임키퍼를 임명해, 그 아이가 쉬는 시간을 알려 주도록 결정했다. 그 시간 외에

떠들면 눈치가 보인다. 그렇다고 얽매는 분위기는 아니다. 공부할 사람은 공부하고, 책을 읽고 싶은 사람은 책을 읽고, 운동할 사람은 마당에서 운동한다. 모든 게 자율이다. 공부방에 방문한 학교 선생님도 안심하고 돌아갔을 정도로 분위기가 좋다.

이런 분위기가 하루아침에 형성된 건 아니다. 몇 년 전에는 아이들이 이런 시스템을 힘들어 했다. 자유롭게 알아서 하라고 하면 어떻게 할지 막막해하면서도 통제하는 것은 싫어했다. 공부방을 처음 시작했을 때는 10개월도 못 가 흐지부지 됐다. 그 시간을 보내면서 이 목사는 서로에 대한 신뢰가 무엇보다 중요하다는 것을 배웠다. 이후 만나는 아이들과 많은 이야기를 나누기 시작했다. 등수보다는 꿈꾸는 게 더욱 소중하다고 이야기하며 멘토 역할을 자처했다. 아이들이 서서히 경계심을 풀었다.

신뢰 관계가 쌓이니 신기하게도 아이들이 자율적으로 움직였다. 지난해는 '도토리와 친구들'에서 공부한 아이들 전원이 대학에 갔다. 공부방의 몇몇 아이들은 국제청소년성취포상제 동장 상을 받았다. 올해 서울에 있는 대학에 입학해 지역 〈합천신문〉에 실리기도 한 구한나래(20)도 그중 하나다. 국제청소년성취포상제에 도전하면서 대하소설 〈토지〉 전권을 읽고 공부방을 청소하고 줄넘기를 하기로 마음먹었는데 그것을 다 해냈다. 스스로 정한 약속을 지키니 뿌듯하고 자신감이 생겼다. '도토리와 친구들'이 큰 힘이 되었다. 학교 선생님들은 1년만 지내고 다른 데로 가는 일이 빈번해 의지하거나 상담할 어른이 없었는데, '도토리 샘'이 옆에 있어서 정말 다행이었다고 생각한다.

작은 관심에 활개를 펼치는 아이들

 '도토리 샘'은 조금 더 많은 학생들을 만나기 위해 학교에서 연극을 가르쳤다. 젊은 시절 연극을 하고, '연극 놀이 연구회'를 했던 경험을 살린 것이다. 현직 연극 교사가 연극을 가르치는 것으로 학교 방침이 바뀌기 전까지 '도토리 샘'은 아이들을 꾸준히 만났다. 연극반에서 만났던 아이들은 연극을 통해 자신을 표현하면서 놀랍게 변했다. 평소 말수가 적은 화연이(17)는 연극을 하면서 내면의 것들을 끄집어냈다. 소극적인 화연이가 큰 목소리로 몰입하여 연기하는 것을 본 친구들이 깜짝 놀라 박수를 쳤다. 화연이는 연극 수업이 있는 전날 이 목사에게 수업이 기다려진다는 문자를 보낼 정도였다. 선생님들이 화연이가 다른 수업 시간을 대하는 태도도 변

했다고 말해 주었다.

이 목사에게는 초계면을 벗어나 더 넓은 세상을 꿈꾸는 아이들이 보인다. 다만 그 꿈을 키워 주는 사람이나 제도가 없어서 아이들이 움츠러들어 있을 뿐이다. 조금 도와주면 활개를 펼칠 아이들이다. 도서관 이름을 '도토리와 친구들'로 지은 것도 바로 그 이유에서다. 도토리는 매우 작지만 자라면 큰 나무가 된다. 그 생명력과 가능성이 아이들에게서 보인다.

"나무를 자라게 하시는 분은 하나님이지만, 인간은 도토리를 심는 노력을 해야죠. 저는 청소년이 도토리라고 생각해요. 그 도토리가 다른 도토리를 낳고 세상을 바꿀 겁니다."

여름에는 물 축제·겨울에는 연탄 나눔, 그리고 멈추지 않는 도토리의 꿈

초계중앙교회 여름 물 축제는 유명하다. 벌써 6년째로 접어드는 이 축제는 마을 축제다. 대형 고무 수영장틀을 설치한 것뿐인데 인기 최고다. 몇 년 전에는 사람이 너무 많이 모여 인근 폐교로 장소를 옮겼다. 낮에는 세족식, 물풍선 놀이를 하고 저녁에는 공동체 훈련을 한다. 노인들을 위해서는 겨울에 연탄 1만 장을 배달하고 있다. 일 년에 두 번 적십자병원 의료 봉사팀과 함께 택리라는 마을에 방문한다. 처음에는 교회에서 왔으니 재수 없다고 가라던 노인들이 이제는 마을에 빈 공간이 있으니 이쪽으로 이사 와 교회를 하라고 한다.

초계중앙교회는 계속 꿈을 꾸고 있다. 별을 보는 꿈이다. '도토리와 친구들'이 여는 음악회 이름을 '천문대 건축을 위한 작은 음악회'라고 지었다. 돈이 없어도 꿈을 꾸었더니 몇 사람들이 꿈쟁이에게 힘을 실어주었다. 어느 학부모는 꼭 만들어 달라며 후원금 5만 원을 건넸다. 초계중앙교회를 가려면 날이 좋은 날 가는 게 좋겠다. 정말 몇 년 후에는 천정이 투명하게 뚫린 방에서 아이와 함께 별을 볼 수 있을지도 모르니 말이다.

- 초계중앙교회 경남 합천군 초계면 초계리 18-6 T. 055-932-3274

우리 교회 목욕탕 언제든 와서 쓰이소

따뜻한 마음과 물로 마음의 상처를 씻어내는 교회

경북 김천 천성교회

경북 김천시 어모면 능치리에 사는 할머니들에게 목욕은 연중행사다. 할머니들이 사는 집은 오래된 농가라 샤워실이 따로 없다. 드라마나 영화에서 볼 수 있는 바닥이 깊이 뚫린 재래식 화장실만 있을 뿐이다. 씻는 건 마당 수도에서 간단히 해결한다. 마당 수도는 사방이 개방된 곳이라 남자들은 웃통 벗고 등목이라도 할 수 있지만, 할머니들은 그럴 수 없다. 체면 불구하고 씻으려 마음먹어도 찬물이 문제다. 도시가스가 들어오지 않아 연탄보일러로 난방을 하는데, 버튼만 누르면 온수가 나오는 가스보일러와는 달리 연탄보일러는 온수를 마음껏 사용할 수 없다. 기름보일러를 쓰자니 시골 노인네 형편에 기름 값을 감당할 수 없다. 사실 시설을 고치는데 드는 돈도 없긴 하다.

근처에 목욕탕이 있으면 좋겠지만, 용문산 산 중턱에 있는 능치리에 목욕탕이 있을 리 만무하다. 목욕탕에 가려면 시내까지 나가야 한다. 목욕비를 싸게 잡아도 5,000원. 목욕비에 버스비 등등을 합하면 한 번 씻는 데 1만 원이 훌쩍 넘는다. 한 시간에 한 대꼴로 들어오는 버스는 산길을 뺑뺑 돌아 시내로 간다. 70이 넘은 나이에

이 길을 다녀오는 것은 만만한 일이 아니다. 거기다 다리가 아프기라도 하면 시내 목욕탕도 다녀올 수 없다. 목욕이 금같이 귀한 능치리 할머니들을 위해 천성교회(김영만 목사)가 목욕탕을 개방했다. 엄밀히 말하면 탕이 없으니 목욕탕이라기보다 샤워 시설이다. 샤워 시설도 하얀 색 타일을 바른 벽에 샤워기가 설치되어 있거나, 꼭지만 돌리면 온수가 나오는 곳이 아니다.

천성교회 목욕탕이 운영되기 위해선 이런 과정이 필요하다. 목욕탕 밖에 있는 커다란 드럼통에 물을 가득 받는다. 마당 한 곁에 쌓아 둔 나무를 가져다 불을 지핀다. 보통 두 시간 정도 불을 지피면 물이 끓는다. 그렇게 데워진 물은 시멘트 바닥에 솟아 있는 수도

를 통해 고무 다라에 받아진다. 뜨거운 물과 차가운 물을 자동으로 섞어 주는 수도가 아니기에 뜨거운 물과 차가운 물을 따로 받아 섞는다. 조악한 시설이어도 능치리 할머니들에게는 인기 만점이다. 다른 사람들 눈이 보이지 않는 곳에서 뜨거운 물을 맘껏 쓸 수 있다는 것만으로도 할머니들에게는 감사한 곳이기 때문이다. 할머니들을 위해 차량도 운행한다. 할머니들이 하는 일은 손가락을 들어 전화를 돌리면 된다. 그리고 시간 맞춰 집 앞 도로에서 손을 흔들고 있으면 김 목사가 차로 교회 앞까지 모셔다 드린다. 김 목사가 할머니들을 모시러 가면 교인들은 점심을 준비한다. 한 번에 5~6명 정도만 씻을 수 있기에 때로 기다려야 할 때도 있지만 할머니들은 이웃집 놀러가듯 빈손으로 목욕을 오면 된다.

목욕탕을 운영하는 데 가장 큰 필요는 나무다. 한 번 물을 데우는데 경운기 두 대 분량이 드니 나무가 여간 많이 필요한 것이 아니다. 이럴 땐 산 중턱에 교회가 있어 다행이다. 주변 산에 나무가 너무 빽빽해 간벌이 필요하면 그 나무는 모두 천성교회 것이다. 또 주변 과수원의 가지도 천성교회 거다. 능치리는 주로 복숭아나 사과 등 과일 농사를 짓는데 과수원에서 가지치기를 하면 천성교회에서 그 가지들을 가져온다. 산과 과수원에서는 나무를 따로 간벌하거나 가지를 치우지 않아도 되고 천성교회는 땔감을 얻을 수 있으니 서로에게 좋다. 이렇게 얻어진 나무는 교회 앞마당에 사람 키보다 높게 1년 내내 쌓여 있다. 천성교회의 보물이다.

할머니들은 와서 목욕만 하지 않는다. "오늘 뭐 하나 도둑질해 갑니다" 그러면 영락없이 비누나 수건, 치약 등이 없어져 있다. 처음에는 목욕만 하던 할머니들이 이제는 빨래도 한다. 빠듯한 교회 살림이지만 '물 많이 쓴다', '비누는 왜 가져가느냐'타박할 수 없다. 그럴 거였으면 처음부터 목욕탕을 개방 안 했다. 오히려 목욕탕에 비누와 치약 등을 많이 가져다 놓는다. 할머니들이 눈치 보지 않고 사용하고, 필요하면 마음껏 가져가라는 무언의 배려다.

목욕탕 개방 소문이 나면서 이제는 동네 남자들도 이용한다. 여름 농번기에 밭에서 일하다 잠깐 들러서 휘 씻고 간다. 여름에는 해님이 물을 데워 주니 특별한 손이 가지도 않는다. 그렇게 1년 내내 한 달에 80명 이상이 목욕탕을 찾는다. 작은 목욕탕이지만 김 목사는 더 많은 사람들이 목욕탕을 이용하길 바란다. 하지만 그게 마음 같지는 않다. 어모면은 마을마다 교회가 있어 다른 동네 할머니들이 목욕하시도록 적극적으로 권유했다간 다른 교회의 오해를 사기 십상이다. 우리 교회로 전도할 목적이 아니라도 배나무 밑에선 갓끈을 고쳐 매는 건 아니다. 그래서 소문 듣고 연락하시는 할머니들만 모시러 나가는데 김 목사는 그것이 못내 아쉽다.

마음이 아픈 이들과 한데 모여 사는 천양원

천성교회가 목욕탕을 짓게 된 것은 천성교회가 운영하는 천양원 때문이다. 천양원은 천성교회가 운영하는 정신 지체, 정신 질환이 있는 사람들이 모여 사는 복지 시설이다. 처음 교회를 개척했을 때부터 천양원을 같이 시작한 것은 아니었는데 마음 아픈 이들과 늙

고 병들어 혼자 사는 가난한 이들이 하나둘 모여들어 공동체 생활을 시작하게 됐다. 그렇게 한 명 두 명 식구가 늘어 지금은 22명이 됐다. 사람이 늘어나다 보니 집이 필요했고 폐기된 염소 축사를 이용해 천양원을 지었다. 거기에 자기 식구들 씻을 목욕 시설이 필요해지자 목욕탕을 지었다. 천양원이 자리 잡자 천양원을 돕는 마을 주민들이 생겼다. 땔감도 그렇지만 때때로 농사지은 것을 먹어 보라며 가져다 주기도 한다. 천성교회도 마을 주민을 위해 뭔가 할 수 있는 것이 없을까 생각하다 목욕탕을 개방하게 됐다. 목욕탕을 개방하며 천양원 식구들의 일이 늘었다. 목욕하고 가시는 할머니들 식사 대접도 목욕탕 청소도 모두 천양원 식구들 몫이다. 하지만 이 일을 귀찮아하는 사람은 없다. 사회에서 소외된 채 용문산 중턱 천성교회까지 찾아온 교인들이지만 나눌 것이 생겨 기쁘다.

● 천성교회 경북 김천시 어모면 능치리 813-1 T. 054-435-5591

할머니 맘에 **형광등** 밝혀 드려요

형광등 교체·이미용 봉사, 지역 아동 센터 통해 마음 나누는 교회

충북 청원 부강감리교회

부강감리교회(황호찬 목사)는 충북 청원 부강(芙江)리 사람들 마음을 부강(富强)하게 하고 있다. 혼자 살면서 마음이 침침해진 노인들의 벗이 되려고 가정을 찾아다니면서 형광등을 갈아 드리고 있고, 외모를 바꾸면서 마음이 산뜻해지시라고 이미용 봉사를 하고 있다. 일하는 부모 밑에서 방치된 아이들과 함께하기 위해 지역아동센터를 하고 있다.

황 목사는 우연한 계기에 노인들의 집을 찾아다니게 되었다. 2006년 교회 근처에 사시는 할아버지의 부고를 듣고 나서다. 평소에 인사하고 지내던 할아버지였는데 할머니가 잠시 자리를 비운 사이에 농약을 드셨다고 했다. 얼마 지나지 않아 어느 할머니도 아파트에서 뛰어내려서 목숨을 저버렸다. 이런 사건들을 겪으면서 황 목사는 노인을 위해 무언가 할 일이 없을까 고민하게 되었다. 말년에 말벗 없이 외롭게 지내시는 게 안타까웠다. 가족들을 뒷바라지하며 평생을 보냈으니 이제 좋은 음식 먹고, 좋은 데 다니면서 쉬면 좋을 텐데 대부분이 그러지 못했다. 자식들이 같이 살자며 모셔 가려 해도, 부담 주기 싫다며 혹은 살던 곳에서 떠나지 않겠다며 홀로 남는 경우가 많았다. 외로이 홀로 지내는데 집까지 침침하면 마음이 어두워지겠다 싶었다. 그래서 오래된 형광등 기구를 떼어 내고 새 형광등으로 바꿔 주기 시작했다. 조명이 오래되어 어두울 뿐더러, 불을 켜면 소리가 나거나 녹슬어 금세 떨어질 것 같아도 그대로 달고 사시는 노인이 많다. 특히 할머니들은 전기를 무서워하는 바람에 전구 하나도 혼자 갈지 못해 어둑하게 사시는 분이 많다.

황 목사는 특히 날씨가 좋은 봄과 가을에 노인들이 더 우울해 한다고 했다. 봄에는 '내가 1년 동안 무엇을 했나'라고 한탄을 하시고, 가을에는 떨어지는 낙엽 때문에 싱숭생숭하다 했다. 그래서 가을이 오기 전에 부지런히 등을 갈 생각이다. 계획은 마흔 가정의 형광등 기구를 갈아 드리는 것인데 하루에 네다섯 가정도 방문하기 힘들다. 조명을 가는 것은 얼마 걸리지 않지만 할머니들과 이런저런 이야기를 하다 보면 시간이 훌쩍 간다. 집들도 띄엄띄엄 있어서 이동하는 데 시간이 많이 걸린다. 한 시에 집을 방문한다고 했는데 할머니들은 오전부터 미리 기다리고 있었다. 황 목사가 부강감리교회 한사무엘 전도사와 함께 방문하면 할머니들 얼굴에 반가운 기색이 만연하다. 할머니들은 노인 대학과 복지 기관을 통해 형광등을 교체하고 싶다고 신청하면서, 형광등 기구 하나만 갈아 줘도 좋겠다고 생각했다. 황 목사 일행은 필요에 따라 한 집에 두 개, 세 개 갈아 주기도 한다.

조명 기구를 바꾸기 위해서 먼저 두꺼비집을 내려야 한다. 전원이 차단되니 작업하는 동안 선풍기를 틀 수 없다. 황 목사와 한 전도사가 땀을 흥건히 흘린다. 하필 여름에 작업해서 고생하느냐 했더니 주저리주저리 딴소리다. 두꺼비집을 내리지 않고 작업하면 바비큐가 될 수도 있기 때문에, 그것보다는 땀을 흘리는 게 낫단다. 농담에 하하 웃으면서도 할머니들은 연신 미안해하며 부채를 부쳐 줬다. 작업한 지 5분도 되지 않았는데 할머니가 수박을 내 와서 벌써 휴식이다. 오늘도 여러 집 가기는 글렀다.

박노순 할머니(75)는 같이 살던 아들이 먼저 죽은 후에 전구도 갈지 않고 살고 있다. 양쪽 무릎을 수술한 후, 움직이는게 힘들다. 화장실과 가깝다는 이유로 부엌에 침대를 가져다 놓고 거기서만 생활한다. 형광등이 어둡지만 혼자 사는데 뭘 고치나 하는 생각이 들어서 그냥 살았는데, 부강감리교회가 알아서 형광등 전체를 갈아 주니 너무 고마워했다. 박일분 할머니(72)는 3년 전에 남편을 여읜 후 혼자 살고 있다. 평생 전구를 직접 갈아 본 적이 없어서 전구를 사다 놓고도 옆집 총각을 불러 도움을 청했다. 그러니 형광등 기구 교체는 엄두도 못 냈다. 돈이 들 테니 엄두가 안 나고, 돈 들여 사 와도 남에게 도와 달라고 하려니 미안했다. 황 목사가 형광등을 갈고 할머니에게 전원 버튼을 손수 눌러 보라고 했다. 불이 들어오자 할머니 얼굴에 웃음꽃이 활짝 피었다.

"아이구, 밝아졌네. 이렇게 환야. 집이 까맣기는 했는디, 내는 어떻게 하는지 하들 못하고 그랴. 돈도 없고. 근디 공짜로 달아 듀니, 얼매나 고마버. 여간 고맙다 안야."

사랑받는 '사랑 나눔 지역아동센터'

부강감리교회는 자연스런 계기로 지역아동센터를 시작하게 되었다. 어느 날부터인가 교회 맞은편에 매일 두 명의 꼬마들이 매일 앉아 있기 시작했다. 딱히 하는 것도 없이 앉아서 부모를 기다린다고 했다. 안쓰러워 교회로 들어와서 놀라고 했고 밥도 주면서 같이 시간을 보내게 되었다. 그렇게 하나둘 아이들이 모였다. 그곳이 '사랑나눔지역아동센터'가 되었다. 이제 어른들은 마음 놓고 일을 하게 되었다. 부강리에는 주·야간 교대 근무하는 공장 근로자가 많다. 부강에는 자동차 부품 생산 공장 같은 대규모 농공 단지가 있다. 주민 대다수가 비정규직으로 일하고 있고 밤낮 가리지 않고 일하고 있어 아이를 돌볼 곳이 꼭 필요했다.

아동센터는 어려움도 겪었다. 5년 전에 한 초등학생이 어느 교사에게 성추행 당했고 사이버 수사대에 그 사건에 대해 썼다. 경찰이 조사하면서 부강리 전체가 시끄러워졌다. 문제를 일으킨 교사는 토박이로 입심이 센 사람이어서 주민들 누구도 이 사건을 크게 만들고 싶어 하지 않았다. 부강감리교회 목사가 아이를 비호한다는 것이 알려지면서 사람들이 한때 교회를 미워했다. 후에 교사가 처벌을 받았고 시간이 지나면서 사람들의 교회에 대한 마음이 녹았다. 사건을 통해 더 큰 문제가 발견되기도 했다. 양아버지가 오랫동안 아이를 성추행했는데, 그 사실이 교사 성추행 사건 때문에 비로소 밝혀지게 되었다.

이런 사건을 겪으면서 황 목사는 더 사명감을 느꼈다. 동네에서

아이들을 보호하는 데가 한 군데도 없다는 것을 깨달았기 때문이다. 초등학생이 600명이면 꽤 큰 규모인데도 면 소재지에 지역아동센터는 부강감리교회가 하는 한 곳뿐이다. 그래서 아이들에게 더 많은 것을 주고 싶다. 그는 아이들을 만나면서 아이들 안에 마냥 순수하고 착한 것만 있는 것이 아니라 그늘과 어둠이 있다는 것을 발견했다. 일주일에 한 번 만나거나 스쳐지나간다면 이런 부분들을 다룰 수 없지만, 매일 아이들을 만나니 아이 안에 분노나 잘못된 감정, 나쁜 생각들에 대해 한 올 한 올 문제를 풀어갈 수 있다. 깊이 만나기 위해서 방학 때 '둥지캠프'를 열어 아이들과 삼삼오오 함께 잔다. 그러면 못 다한 이야기를 나눌 수도 있고 가족 같은 정이 쌓인다. 아이들 중에는 부모와 함께 살지 못하거나, 엄마 아빠

중 한 분 하고만 사는 아이가 많아 꼭 필요한 일이라고 생각한다.

사랑 나눔 지역아동센터는 아이들에게 좋은 문화를 경험하게 하고 싶다. 부모의 손이 미치지 못해 컴퓨터에 매달리던 친구들도 센터에 오면 달라진다. 재미있는 활동이 많아서다. 구연동화가 열리고, 일주일에 한 번 시인이 문예 교실을 진행한다. 매주 과학 동아리 모임도 열린다. 기타와 색소폰을 배울 수 있다. 도시에 있는 아이들도 흔하게 배우지 않는 색소폰을 어떻게 가르칠 생각을 했는지 물으니, 일반적인 악기가 아니니 다룰 줄 알게 되면 아이들이 더 자긍심을 갖게 될 것 같아서 선택했다고 한다.

지난해 이곳 부강에 우쿨렐레 팀이 꾸려졌다. 한사무엘 전도사가 매주 금요일, 아이들에게 우쿨렐레를 가르치고 있다. 우쿨렐레를 배워 대전까지 가 연합 연주회 협연을 했다. 행사에서 공연을 한 아이들이 신이 났다. 아이들이 신나니 마을에 활기가 넘친다. 그래서인지 지역 사람들은 아동센터를 무척이나 아낀다. 방앗간에선 언제든 떡을 지원할 테니 말만 하라고, 지역에 있는 빵집에서도 언제든 말만 하면 주겠다고 했다. 출력하는 곳에서도 플래카드가 필요하면 언제든 연락하라고 하니 복이 터졌다. 그간 사랑 나눔 지역아동센터가 충분히 '사랑 나눔'을 했나 보다.

● 부강감리교회 충북 청원군 부용면 부강3리 442-1 T. 042-277-0266

꿈을 키워가는 섬마을 아이들

모두를 배부르게 하는 마을의 보물창고 같은 교회.

전남 신안 하의제일교회

전남 신안군 하의도에는 유명한 밴드가 하나 있다. 하의도에 있는 학교들이 축제를 열 때면 언제나 초청된다. 지역에 있는 여러 교회에서도 초청 연주를 한다. 보컬, 기타, 건반, 드럼에 하모니카까지 제법 구색을 갖춘 이 밴드에 특별한 점 하나가 있다. 연주자들이 초등학생이라는 것이다. 이 밴드는 하의제일교회(김우일 목사)가 운영하는 주사랑공부방 밴드다. 하의제일교회 주사랑공부방은 하의도 유일한 사교육 기관이다. 고 김대중 전 대통령의 고향으로 유명한 신안군 하의도. 대통령의 고향이니 섬이라도 많이 발전했을 거로 생각한다면 착각이다. 언론에서는 하의도가 블루베리 농사나 전복 양식으로 고소득을 올리고 있다고 이야기하지만, 그건 일부 농가 이야기다. 하의도 주민 대부분은 양파·마늘·쌀 등을 농작하고, 농작물의 판로를 걱정하며 산다. 그러다 보니 한때 1만 명이 넘었던 인구는 점점 줄어 2,000명 정도만 남았다. 육지로 육지로 섬을 떠났다. 아이들도 줄었다. 하의초등학교 재학생은 모두 44명이다. 한때 20여 명으로 떨어져 폐교 위기에 놓이기도 했었다. 사교육 기관이 있을 리가 없다.

배움은 멀고도 먼 길

 아이들이 무언가 배우고 싶다면 목포로 나가야 한다. 하의도에서 목포까지 가는 배는 하루에 네 번. 빠른 배를 타면 목포까지 1시간 30분 걸리지만, 느린 배를 타면 2시간 40분 걸린다. 오전 8시 30분 첫 배를 타고 나가 오후 2시 30분 배를 타고 온다 해도 뭐 하나 배우려면 꼬박 하루를 투자해야 한다. 배우는 시간보다 바다에서 보내는 시간이 더 많다. 그나마 학교에 다니는 평일에는 목포에 나갈 생각은 엄두도 못 낸다. 아이들의 이런 사정을 안 김 목사는 교회에 공부방을 시작했다. 아이들이 다양한 경험을 할 수 있도록 영어·기타·붓글씨를 가르치기로 했다. 학교 공부를 가르칠 수 있지만 그렇게 하지 않는다. 학교에서 선생님들이 가르치는 것과 밖에서 가르치는 것에 충돌이 생기면 아이들이 혼란스러워하기 때문

이다. 이렇게 시작한 공부방이 벌써 5년이 넘었다. 고학년 아이들은 기타가 능숙해졌고, 수업은 드럼, 피아노, 하모니카로 확대됐다. 그렇게 시간이 흐르며 자연스럽게 밴드가 결성됐다. 학교 소풍 때 몇몇이 처음한 기타 연주가 이제 밴드 팀으로 발전하게 된 것이다.

지금은 사람들 앞에서 연주도 척척하고 이곳저곳에 초청도 받지만 처음 기타를 배울 때만 해도 고사리 같은 손으로는 무리였다. 아이들은 기타를 처음 배울 때 손 아프다며 기타를 무릎 위에 올려놓고 손가락으로 줄을 튕기기 일쑤였다. 한 시간의 연습 시간이 길게 느껴지기도 했다.

"아이고, 이 째깐한 손으로. 넌 그렇게 해 부러. 기타는 자꾸 같이 놀면 늘어. 괜찮어. 그렇게 해."

그렇게 사랑스러운 눈으로 김 목사는 아이들을 가르쳤다. 누가 시킨 것도 아니고, 돈 받는 일도 아닌데 말이다. 쉰이 넘은 나이에 아이들을 가르치려면 땀이 뻘뻘 흐르지만, 김 목사는 아이들 가르치는 것을 "촌에서 아이들을 가르쳐 줄 수 있는 학원 하나 있는 것도 아니고, 목회에 지장 주는 일도 아닌데"라고 했다. 기타 실력 뿐 아니라 붓글씨 실력도 늘었다. 김 목사가 늘 눈을 고정해 아이들을 가르쳤기 때문이다. 한 명이라도 붓을 바로 잡지 않거나, 기울여서 글을 쓰면 이내 달려가 아이들을 지도한다. 다 똑같아 보이는데, 김 목사 눈에는 먹을 잘 갈았는지, 역필은 했는지가 다 보이

나 보다. 꼼꼼히 아이들의 붓글씨를 평가해 준다. 기타 시간도 그렇지만 아이들 실력에 따라 개별 진도를 나가니 손이 가는 것이 한두 가지가 아니다.

아이들이 학교에서 여러 가지 장기를 드러내며 하의제일교회 공부방은 하의도에 소문이 쫙 퍼졌다. 공부방에 오고 싶어 하는 아이들이 한둘이 아니다. 하지만 공부방이 다른 곳에서 별다른 지원을 받는 것도 아니고, 아이들을 가르칠 수 있는 사람도 김 목사 혼자뿐이라 10명이 넘어가면 버겁다. 아이들에게 간식을 주는 것도 조그만 시골 교회 예산에서는 **빠**듯하다. 교인들은 공부방을 돕고 싶은 마음은 굴뚝같지만, 형편이 도와주지 않는다. 워낙 농사일이 바빠 공부방을 들여다볼 시간을 내기 어렵다. 농사일만 하는 게 아니라 소소한 교회 일도 해야 한다. 교회 청소, 식사 당번도 모두 교인들 일이 아니던가.

  하의제일교회를 취재하던 날도 교인들은 기자 대접하기에 바빴다. 밥도 차려 줬고, 밤에는 집도 내줬다. 이야기를 살짝 들으니 기자를 맞이하느라 하루를 공쳤단다. 농번기에 하루 일손 놓기가 쉬운 일이 아닌데, 취재하러 가서 민폐를 끼치고 왔다. 그래도 자꾸 더 있다 가라고 한다. 빈말이 아니라 시골 인심에서나 나오는 진심이다. 평생 농사만 지으며 살았으니 아이들에게 가르쳐 줄 만한 별다른 것이 없다. 다만 아이들 간식 사 먹이라고 1~2만 원씩 김 목사에게 쥐어 줄 뿐이다. 교인들 살림살이를 생각하면 그저 감사한 일이다. 하나둘 자기가 할 수 있는 것을 배워 가는 아이들을 보며 김 목사는 자꾸 뭔가 더 해 주고 싶다. 자꾸 일을 벌이면 수습할 수 있을까 생각도 들지만 김 목사 말대로 촌에서 목회 지장 주는 일도 아니고, 아이들을 가르쳐 줄 수 있는 학원 하나 있는 것도 아닌데. 김 목사는 문화 시설이 아무것도 없는 섬에서 축구밖에 다른 놀 것이 없는 아이들이 교회를 통해 더 많은 것을 누리고 경험하며 살았으면 좋겠다고 한다.

필요하면 말만 하세요

하의제일교회에는 다른 교회에서는 좀처럼 보기 어려운 조직이 하나 있다. 여전도회나 남선교회는 아니다. 교인들을 나이, 하는 일 등에 따라 골고루 섞이게 하여 세 조로 나뉘었다. 이름은 없다. 하의제일교회 교인이 50명이 안 되니 한 조에 10여 명씩 들어 있는 셈이다. 이름 없는 이 조직이 하는 일은 레이더망처럼 마을에서 일어나는 일을 살피는 것이다. 그러다 갑작스레 어려운 일을 당한 사람이 생기면 달려가 돕는다. 도시도 그렇지만 시골에서도 갑작스레 크고 작은 일들이 일어난다. 몇 년 전 전정심 씨(61)는 트랙터 사고를 당했다. 다친 것도 다친 것이지만 농사라는 것이 적기를 놓치면 큰일인데 하필 마늘 수확기를 앞두고 있었을 때였다. 하의제일교회 교인들의 레이더망에 전정심 씨의 이런 상황이 포착됐다. 이 레이더망에 걸린 덕에 전정심 씨는 일 년 농사를 망치지 않게 되었다. 농번기 제초작업이 필요한데 일손을 구할 수 없는 사람들에게도 달려간다. 혼자 사는 노인들이 청소가 필요하다면 마찬가지다. 연말이면 김장을 해 마을에 혼자 사는 노인들에게 김치를 나눠 주기도 한다. 300포기를 담아 교회도 먹고, 노인들에게도 나눠 준다. 많지 않은 양이지만 혼자 사는 노인들에게 필요한 일임은 분명하다. 교인들은 교회 김장하는 김에 조금 더 담는 것뿐인데 하며 생색내는 걸 꺼렸다.

하의제일교회는 마을의 보물창고 같다. 동네 주민들이 필요한 것들이 마구 쏟아진다. 아이들 교육이 필요하니 공부방이 생겼다. 급한 일손이 필요하면 교인들이 달려간다. 연말이면 김장을 해 독거노인들에게 나눠 준다. 어디선가 누군가에 무슨 일이 생기면 엄청난 기운이 솟는가 보다.

- 하의제일교회 전남 신안군 하의면 오림리1구 211 T. 061-275-3621

아이스크림, 섬마을 스타 되다

지키는 사람 없어도 걱정 없는 아차도교회 무인 가게 이야기

인천 강화 아차도교회

아차 잘못하여 생긴 섬, 아차도. 이무기가 용이 되려고 하늘로 올라가다가 (천적인) 임신부를 보고 놀라 바다로 떨어져 생긴 섬이라고 했다. 뱃길로 5분 거리인 주문도가 으뜸 섬이라는 뜻인데 비해 초라한 이름이다. 혹여 주문도에 가려다 아차도에 잘못 내렸다면 아차, 큰일이다. 돈이 있어도 밥을 사 먹거나 여관에서 숙박을 해결할 수가 없다. 가게가 없어서다. 스물일곱 가구가 살고 있으니 무인도는 아닌데, 가게가 없으니 무점도(無店島)다.

물건 사려면 배로 한 시간 반

야채를 길러 먹고 생선을 잡아 먹고 소라를 캐다 먹으니 먹는 거야 문제없다 해도 비누니 세제니 칫솔이니 건전지니 하는 건 어떻게 하나. 하루에 몇 번 안 다니는 배를 기다리는 수밖에 없다. 주문도로 가거나, 배로 1시간 30분 떨어진 강화도까지 가야 한다. 여름 휴가철을 제외하고는 배가 하루에 두 번 다니는데, 오전 7시 첫배를 타고 나갔다가 강화에서 돌아오는 4시 막배를 타는 게 가장

여유 있게 볼일을 보는 방법이다. 주문도에 가려 해도 같은 배를 기다려야 한다. 강화에서 오는 배가 아차도를 거쳐 주문도로 가기 때문이다. 폭풍주의보가 발효하거나 안개가 심하게 낀 날은 배마저 끊긴다. 어렵사리 배 타고 나가도 물건을 많이 살 수가 없다. 우선 너무 비싸다. 섬에서는 물자 조달이 어렵기 때문이다. 그나마 강화도 물건 값은 괜찮다. 서울 대형 마트보다 싸진 않아도 그럭저럭 괜찮은 편. 주문도의 물건은 강화도 사람도 놀랄 가격이다. 어찌어찌 사도 물건을 들고 오는 일이 만만치 않다. 식용유는 꼭 사야 하는데 무겁고, 휴지는 무겁진 않지만 부피를 많이 차지한다. 자기 몸 하나 가누기 벅찬 할머니들에게 여간 버겁지 않다. 간편한 방법이 있긴 하다. 강화도에 있는 가게에 전화해 3만 원 이상 물건을 구매하면 아차도로 오는 배에 물건을 실어 준다. 그러면 배 도착 시간을 기다렸다가 선착장으로 물건을 가지러 간다. 인터넷 택배 서비스를 이용할 수도 있긴 한데 집 앞까지 배달되지도 않는데, 도선료 1만 원을 더 내야 한다. 사람이 늦으면 덩그러니 물건을 선착장에 둔 채로, 배는 다른 곳으로 떠난다. 때로는 배보다 배꼽이 더 크니, 택배도 이용할 수가 없다. LPG 가스를 하나 주문하려 해도, 온 동네 사람들에게 물어서 같이 주문한다. 그래야 조금이라도 싸게 산다. 냉장고 등 가전제품을 들일 때도, 다른 집에서 필요할 때까지 기다린다.

이 불편한 동네에 좋은 일이 생겼다. 2009년 아차도교회에서 가게를 연 것. 이름 하여 '우리 섬 가게'. 지키고 있는 주인은 없다. 누구나 문을 열고 들어와서 필요한 물건을 집고 돈 통에 돈을 놓고 가면 된다. 말로만 듣던 무인가게다. 24시간 편의점도 아닌데 24시간 가게 문이 열려 있다. 아차도교회 김부린 목사(43)는 들이치는 비를 막을 때만 문을 닫을 뿐, 자물쇠를 채우지도 않는다. 그래도 물건이나 돈이 없어지지 않는다.

십시일반으로 지어진 '우리 섬 가게'

주민들은 예전처럼 자주 배를 기다리지 않는다. 집을 나서 몇 걸음만 걸으면 된다. 필요한 물건이 무엇인지 목사에게 말만 하면 된다. 주민 대부분인 노인들에게 무인 가게가 효자 노릇을 하는 셈이다. 나이가 들어 입맛이 없는데, 어느 때고 달달한 사이다와 커피를 마실 수 있으니 이보다 행복할 수 없다. 뱃삯도 아끼게 되었는데 물건 값도 싸니, 마을 사람들 얼굴에 미소가 번진다.

김 목사는 5년 전 아차도교회로 부임한 후, 노인들이 무거운 짐을 들고 오가는 것이 자꾸 눈에 밟혔다. 딸 시우(5)가 태어나면서 필요한 것이 많아진 김 목사는, 이왕 뭍에 나가는 거 물건을 조금 더 가져다 놓아야겠다고 생각했다. '주민이 각자 주인 노릇하는 가게'를 구상하고 있는데, 반가운 소식이 들렸다. 우양재단이 '지역 사회를 위해 일하는 시골 교회'를 지원한다고 했다. 돈 나올 구멍이 생기니 추진력이 생겼다. 지원 받은 200만 원으로 '우리 섬 가게' 건물을 세우고 장식장을 들였더니 20만 원이 남았다. 가게 틀은 잡혔는데 정작 물건 살 돈이 넉넉하지 않았다. 이를 본 주민들이 하나둘씩 지

갑을 열었다. 교회 다니지 않는 이장도 돈을 보탰다. 이웃 섬, 주문도 서도중앙교회도 선뜻 50만 원을 내놓았다. 좋은 일에 쓰라고 누군가 돈을 주었는데 쓸 곳이 마땅치 않아 쟁여 두었던 참이었다. 여러 사람의 도움으로 몇 개 없던 물건이 나날이 다양해졌다. 한 평 남짓한 작은 가게지만 치약, 반창고, 라이터 등 물건이 다양하니 구경하는 재미가 쏠쏠하다. 팔리는 재미도 쏠쏠해야 할 텐데 이윤이 남는 재미는 없다. 그도 그럴 것이 물건 값이 싸다. 주문도에 있는 농협에서 하나에 720원 하는 라면이 여기에선 600원이다. 김 목사는 서울의 대형 마트에서 파는 가격에 100원 정도 올려서 가격을 책정했다. 1만 원어치 팔아도 기껏 1,000원 정도 남는다. 가게를 시작하고 첫 두 달 이윤을 계산해 보니, 기름 값, 뱃삯 빼고 4만 원 정

도 남았다. 그 정도라도 이유가 있어 다른 물건을 조달할 수 있다.

'우리 섬 가게'물건 중 극적으로 등장한 것은 단연 아이스크림. 아차도에서 아이스크림을 먹을 수 있는 방법이 딱 한 개 있긴 했다. 강화도 마트에 부탁하면, 드라이아이스를 가득 넣어 아이스크림을 배달해 줬다. 하지만 드라이아이스 가격만 무려 1만 5,000원. 김 목사에게도 묘책이 없었다. 아이스크림을 들인다 해도 보관할 수 없었다. 아이스크림 전용 냉장고가 너무 비싸 엄두가 나지 않았다. 손을 놓고 있는데 교인 유경옥 씨(53)가 아이스크림 회사에 전화를 걸었다. 기업이 봉사 차원에서 냉장고를 제공하는 게 어떻겠냐고 제안했고, 기업은 그 기업의 아이스크림을 먹으라는 조건을 걸면서, 선뜻 냉장고를 기증했다.

2010년 여름, '우리 섬 가게'에 등장한 아이스크림은 단기간 최고 인기 상품으로 급부상했다. 첫 한 달 만에 180개가 나갔다. 섬사람들은 밭일하다가, 지나가다가 아이스크림을 먹었다. 한 번에 여러 개를 사 주위 사람들과 나누었다. 채워 놓기 바쁘게 없어졌다. 김 목사는 구리까지 가서 아이스크림을 산다. 조금이라도 싸게 사려고 인터넷으로 검색하다가 구리에 있는 도매상을 발견했다. 어른들이 이렇게 좋아하니 김 목사도 덩달아 신이 난다.

'우리 섬 가게'는 외상 거래는 하지 않는다. 못 믿어서가 아니라, 사람이라면 깜빡 잊을 수 있기 때문이다. 때론 급할 때 큰소리로 "이것 좀 먼저 가져가요" 말하고 물건을 가져가는 주민도 있지만 어김없이 돈을 가져다 놓는다. 처음에 무인 가게를 열 때, 몇몇 주민들이 반대했다. 돈을 보고 순간 유혹을 이기지 못하면 어떻게 될지 모르기 때문이다. 하지만 이제 안심이다. 송종숙 권사(59)는 이렇게 정직한 사람들이 모여 사는 곳이 어디에 또 있을까 싶어 자랑스럽다.

"마을 사람들이 이렇게 양심을 지키고 있다는 게 뿌듯해요. 우리 섬사람들, 마음이 정말 예쁘지 않아요?"

강화까지 안 가도 찜질할 수 있을까요?

"무릎이 걸리는 걸 보니까 오늘 비가 오려나 봐." 아차도 할머니들도 여느 노인들처럼 기상 예측가다. 갯일을 하고, 밭일을 하다 보니 성한 데가 없다. 뻐근할 때는 따뜻한 구들장에 누워 지지는 게 좋은데, 찜질방이라도 가려면 하루에 두 번 나가는 배를 기다려 강화까지 다녀와야 한다. 그래서 아차도교회는 찜질방을 만들고 싶다. 재정도 일꾼도 부족하지만 포기하지는 않는다. 어서 송복자 권사의 바람이 이루어지면 좋겠다.

"크지 않아도 돼요. 한 번에 다 들어가지 못해도 번갈아 사용하면 되니까요. '시작이 반'이라며 목사님이 시작은 하셨는데, 찜질방 만들 돈이나 이런 게 어디서 채워질지 모르겠어요."

● 아차도교회 인천시 강화군 서도면 아차도리 44 T. 032-932-3919

일자리, 요양보호사, 반찬,
뭐가 필요하세요?

일자리 창출, 이웃 사랑 나눔으로 지역을 품은 교회

충남 서산 고산교회

충청남도 서산시 운산면 수평리, 운산면사무소가 있는 시내에서 논밭 사이로 난 길을 7분 정도 차로 달려가자 빨간 벽돌로 지은 오래된 단층짜리 건물 하나가 눈에 들어온다. 고산교회(김종훈 목사)다. 사실 교회보다 그 옆, 예배당보다 작지만 새로 지은 번듯한 건물이 먼저 눈에 든다. 고산교회에서 운영하는 노인복지센터다. 정확히 말하면, 교회에서 아이디어를 내고, 건물을 지어 주고, 나이·학력·경력 제한 없이 일하고 싶은 사람들이 요양보호사 교육을 받을 수 있도록 도와주고, 요양보호사와 돌봄이 필요한 사람들을 연결하여 도와주지만, 교회와는 별개로 운영되는 노인복지센터다.

이웃이라서 사랑 나눔도 풍성

김 목사는 나라에서 운영하는 제도를 교회가 다리 놓아 마을 사람들이 혜택을 볼 수 있도록 한 것뿐이니 대단한 일이 아니라고 했다. 그러면서 요양보험 홍보를 나온 것처럼 시골 교회가 노인복지센터를 운영하면 뭐가 좋은지 술술 이야기한다. 우선 시골에 일자리가 창출된다. 시골에서 자라 농사짓는 것 말고는 다른 직업을 가

질 수 없는 사람이 요양보호사라는 전문직을 갖게 된다. 요양보호사가 되려면 교육을 받아야 하는데 이것은 교회에서 도와준다. 수평리는 버스가 저녁 7시 30분이면 끊긴다. 그래서 김 목사가 교육 받으러 드나드는 길을 책임진다. 김 목사 도움으로 수평리와 인근 마을에서 15명 넘게 교육받았다. 요양보호사는 정해진 시간에 수급자 집을 방문하면 되니 농사를 지으면서도 할 수 있는 것도 장점이다. 몸이 아파 스스로 돌볼 수 없는 노인에게는 도움의 손길도 준다. 제도가 있어도 이용하지 못하면 있으나 마나인데, 가까이에 센터가 있어 서류 작성같이 까다로운 일에 도움받을 수 있다. 제도를 알지 못했던 노인들도 나라로부터 어떤 도움을 받을 수 있는지 알게 됐다. 요양보호사도 외지 사람이 아니라, 이웃으로 살던 사람들이다. 이웃 사람이 와서 형편을 살펴 주니 일단 마음이 편하다.

또 요양보호사와 수급자 관계를 무 자르듯 자르지 않고 마음 다해 살펴 준다. 가까이에 사니 시간 외에도 필요한 일들을 챙겨 준다. 또 오해가 생길 때는 오해를 풀기도 좋다.

손정자 씨(67)는 목회하던 남편이 먼저 세상을 떠나고 5년 전 고향인 수평리에 내려왔다. 고향에서 무엇을 하며 살까 고민하던 손 씨에게 김 목사가 요양보호사를 해볼 것을 제안했다. 남편과 목회할 때 노인 사역을 많이 했던 손 씨는 김 목사의 권유에 따라 요양보호사 교육을 받았다. 하루에 4시간씩 매일 두 분을 돌봐 드리는데, 103세 되는 할머니가 수급자 중 한 명이었다. 아들과 며느리가 있지만 아들, 며느리도 80대니 부모님 모시는 것이 어려웠다. 한두 달이 두세 달 되고, 두세 달이 서너 달 되니 가족 같아졌다. 원래는 8시부터 12시까지 할머니를 돌봐 드리는 시간인데, 할머니 상황에 따라 더 있기도 했다. 가까이에 사니 왔다 갔다 하며 시간 날 때마다 들여다볼 수 있었다.

"할머니하고 친해지니 궁금해서 자꾸 들여다보게 되더라고요. 또 도움의 손길이 필요하니 외면할 수도 없고요. 가까이에 사니 돌아가시고 나서도 장례 절차나 장례 후 절차를 궁금해 하는 가족들을 도와줄 수 있었어요. 요양보호사가 어떻게 보면 힘들고 어려워 천한 일을 하는 것 같아 보이지만 그래도 전문 직업인이라는 보람 있는 일이에요. 그리고 어르신들이 마지막 시간을 힘들지 않고 편안하게 맞이할 수 있도록 보탬이 되어서 기쁘게 일하고 있어요."

아들과 둘이 사는 김말자 할머니(가명·80대)는 나이 드는 자신이 혼자 사는 아들에게 짐이 될까 걱정이었다. 건강할 때는 농사도 거들고 밥도 했는데, 그러지 못하는 자신을 부담스러워했다. 그러던 어느 날 김 할머니가 자살을 시도했다. 잠이 오지 않는다고 받아 놓은 수면제를 먹은 것이다. 요양보호사가 마침 할머니 집에 방문해 할머니를 발견했는데, 다행히 수면제 양이 많지 않아 생명에 지장은 없었다. 할머니 형편을 알고 있던 요양보호사는 원래 할머니 밥만 하는 것이 원칙인데, 그때부터 아들 밥도 했다. 이웃에 사는 할머니였기에 어렵지 않게 도와줄 수 있었다. 아들에 대한 부담을 어느 정도 벗으며 할머니 상태도 많이 좋아졌다.

더 가까워진 교회와 마을 사람들

마을뿐 아니라 교회에도 도움이 된다. 우선 노인복지센터 운영을 도우며 교회가 마을 사람들과 가까워졌다. 필요한 사람들이 교회로 직접 찾아오기도 하고, 요양보호사 중 교회에 다니지 않던 사람들이 교회 옆에 있는 센터에 오며 교회와 조금씩 친숙해졌다. 김 목사는 사역하며 절대 욕심을 내서는 안 된다고 했다. 처음에는(교인과 지역 주민을 섬기는) 목회를 더 잘하려는 심산으로 사역하지만, 사역이 목회보다 커지게 되면 결국 목회를 내려놓게 된다고 했다. 김 목사는 목회자로의 부르심에 성실히 응답하기 위해 교회와 접해 있는 3개 마을 주민들을 돌보는 일만 한다.

"이 일은 사심 있어 하는 거예요. 전도하려고요. 전도하려고 하는 건데 다들 어려운 일 한다, 좋은 일 한다 하더라고요. 근데 그냥 봉사하는 것이 좋아 대가를 바라지 않고 다른 사람을 돕는 사람도 있는데 그런 사람들이나 대단한 거죠. 우리는 마을 사람들 예수 믿게 하려고 시작한 거라서 내세울 게 없어요."

주신 달란트가 목회보다 사역이나 사업이 더 잘 맞는다면 그 길로 가야겠지만, 김 목사 부부에게 주어진 사명은 목회인가 보다.

친정 엄마 표만큼 맛난 반찬

좋은 제도도 사각지대는 있기 마련이다. 장기요양보험도 그렇다. 가난하지만 질환이 없거나, 질환이 있지만 보험 대상자가 아니어서 본인 부담금을 내지 못하는 노인들이 그렇다. 이 분들을 위해 해 줄 수 있는 것이 무엇이 있을까 생각하다가 반찬 배달을 생각했다. 일주일에 한 번, 3가지 반찬을 만들어 배달하는 일이 뭐 어려울까 싶어 겁도 없이 시작했다.

식단을 짤 때 가장 중요한 건 노인들이 먹고 싶어 하는 음식을 만드는 거다. 밭에서 쉽게 구할 수 있는 음식은 제외. 의치를 낀 노인이 많으니 딱딱한 것도 제외. 버스를 타고 가서 장을 봐야 하는 것이나 손이 많이 가는 음식이 좋다. 여선교회가 3팀으로 나누어 한 주씩 돌아가며 반찬을 만든다. 그런데 이게 생각처럼 쉽지 않다. 특히 농사일 바쁜 때는 하루 시간 내는 것도 왜 이렇게 힘든지. 할 수 있을 때 하는 것이 아니라 시간 지켜 꼭 해야 하는 일이니 더 어렵다. 만드는 사람은 힘든데 받는 사람은 참 좋아한다. 하루는 할머니 한 분이 김 목사 부부를 보고 이렇게 말했다. "옛날 친정 엄마가 맛있는 거 해 가지고 올 때 마음이 들어." 또 다른 할머니는 "아주 좋아. 정말 몇 십 년 만에 겪어 보는 일이여." 또 다른 할머니는 "음식 가져다줘서 살쪘어"라고 말했다. 그래서 어려워도 한다. 안 한다고 누가 뭐라 하는 일도 아닌데, 반찬을 들고 즐거워하는 할머니들을 보면 그냥 계속하게 된다. 고산교회가 교인 수가 적고 다들 나이가 많아 다른 일은 더 크게 못하지만 반찬 배달만은 계속하는 이유다.

- 고산교회 충남 서산시 운산면 수평리 123-1 T. 041-663-3776

사랑 졸여 만든 꽁치 조림

홀로 밥 먹는 노인과 소년 소녀 가장에게 정성들인 반찬 배달하는 교회

강원 홍천 벧엘교회

비가 조록조록 내렸다. 변한홍 전도사는 반찬 통을 들고 우산도 쓰지 않은 채 빠른 걸음으로 문 앞에서 할아버지를 불렀다. 대답이 없었다. '조심조심.' 말로는 안 했지만 행동으로 그렇게 말하는 듯해, 바싹 서둘러 따라가던 발소리를 낮췄다. 변 전도사는 조성진 할아버지 댁 창문을 넌지시 넘보더니, 할아버지가 텔레비전을 보다가 잠든 것 같다고 했다. 행여 깨면 큰일이라도 날 듯, 변 전도사는 할아버지를 두 번도 안 부르고 몸을 낮춰 대문 앞에 반찬 통을 놓고는 휘적휘적 뒤돌아 나왔다. 남궁근 할아버지네서도 마찬가지였다. 남 할아버지는 텔레비전을 큰소리로 틀어 놓고 계셨다. 기자가 따라 들어가서 몇 마디 말을 건넸는데 할아버지가 못 알아들으시자 변 전도사는 할아버지가 귀가 멀어서 잘 못 들으신다며 어서 가자고 했다.

벧엘교회가 하는 반찬 봉사를 소개하고 싶다고 몇 번 전화했는데, 변 전도사는 반기는 기색이 아니었다. 교회에서 별다른 일을 하는 게 아니라서 소개되는 것이 민망하다고 했고, 반찬을 받으시는 분들에게 행여 누가 될까 우려했다. 간 날, 마침 반찬을 전달받는 예닐곱 가정의 식구들은 대부분 집에 없었다. 하지만 그들은 반찬 오는 날인 것을 기억하고, 지난번에 받은 반찬 통을 대문 곁에 두었다. 변 전도사는 얼핏 보면 눈에 띄지 않는 반찬 통을 잘도 찾아내서 손에 들고는 새 반찬 통을 놓아두었다. "반찬이 새로 왔다는 것을 모르실까 봐, 일부러 처음에 반찬 통이 있던 곳과 조금 다른 곳에 두어요." 몰래 반찬을 두고 가는 손길이 한두 번 해 본 솜씨가 아니었다.

예수 향기 날리는 사랑의 마을 도우미

벧엘교회는 2009년 7월부터 반찬 봉사를 시작했다. 변 전도사 부부가 부임한 지 3개월째 되면서부터다. 변 전도사는 동네를 심방하다가 할머니들 밥상 사정을 알게 되었다. 손님이 왔다고 할머니

한 분이 호두과자를 내왔는데, 이빨이 들어가지 않을 정도로 딱딱했다. 할머니가 평소에 유통 기한이 지난 음식을 드시거나, 찬으로 고추장 하나를 비벼 식사하신다고 했다. 교회가 그들을 돌봐야 한다고 생각했지만 재적 교인 15명, 출석 교인 10명이라 재정이 넉넉하지 않았다. 우양재단에서 지원비를 받아 비로소 시작할 수 있었다. 식사를 잘 챙겨 먹지 못하는 몇 가정을 이장에게 추천받았다. 반찬을 만들 권사와 집사들을 위해, 알록달록한 앞치마에 '예수 향기 날리는 사랑의 마을 도우미'라는 글자도 새겨 넣었다.

발대식을 한 첫날, 바로 만든 따뜻한 반찬을 들고 교인들이 다 같이 배달하러 갔다. 심장병을 앓고 있는 아들과 둘이 살고 있는 박상호 씨(가명)에게 반찬을 전달했다. 박 씨 부자는 몸이 불편해 해 먹는 음식이 변변찮았다. 남자 혼자 살면 으레 그렇듯, 식사를 대충 때웠던 남궁근 할아버지에게도 찬을 배달했다. 부모님을 대신해서 동생들의 식사를 챙겨 줘야 하는 수정이(16·가명)도 만났다. 수정이 막내 동생이 100일쯤 되었을 때 어머니가 집을 나가셨고 그 충격으로 아버지가 자살했다. 할아버지, 할머니와 같이 살고 있지만 두 분은 농사일 때문에 늘 바쁘시다. 사정이 어려워도 이들은 군청에서 하는 저소득층 반찬 배달 서비스를 받고 있지 못하고 있다. 서류상으로는 보호자가 있거나 재산이 있기 때문이다. 하지만 실제로 끼니를 잘 챙기지 못해서 교회에서 관심을 기울인 것이다. 그런데 막상 가서 보니 그들이 살고 있는 벽돌집은 꽤 단단하고 넉넉해 보였다. 지은 지 20년이나 지난 조립식 교회 건물은 그에 비해 너무 초라했다. 그걸 본 교인들은 마음이 상했다.

교회 사정이 뻔하고 전도사 부부에게 생활비도 넉넉하게 주지 못하는데, 잘사는 것 같은 집에 반찬을 줘야 하느냐고 했다. "교회가 풍족한 형편이 아닌데 도와주면 오히려 욕먹어.'자기나 잘 하지, 남을 도와 줘?'라고 할 걸. 동네에서 가장 가난한 사람이 벧엘교회 교인이고, 동네에서 비가 새는 집은 우리집뿐이야. 근데 뭘, 누굴 도와줘?"예수님이 말구유에서 태어났는데 교회가 축사 옆에 있으니 얼마나 성경적이냐고 자랑하던 교인들이지만, 이때는 달랐다. 반찬을 전달하고 오더니 입이 한 자나 나왔다. 변 전도사가 나섰다."예수가 가난한 사람들만을 위해 이 땅에 오신 게 아닙니다. 부유해도 가난해도 남을 위해 섬길 수 있다는 것은 참 좋은 일입니다. 우리보다 다들 잘사는 사람들이라도, 좋은 일을 하다가 욕먹을지라도, 우리는 감사하며 그들의 영혼을 위해 헌신해야 합니다."예배하면서 변 전도사의 말을 들은 후엔 지금까지 교인들은 단 한마디도 불평불만하지 않았다. 이제는 오히려 두 주에 한 번밖에 돕지 못하는 형편인 것을 아쉬워한다.

반찬을 지원받는 어떤 할머니는 길거리에서 만나면"고맙다"는 인사 대신"다음부터 하지 마. 힘든데 왜 해?"하고 말한다. 교인들은 그분이 미안해서 하시는 말씀이라는 것을 헤아린다. 어떤 분들은 빈 반찬 통에 유정란을 담아 주기도 한다. 집에서 키운 닭이 낳은 달걀을 전해 주는 것으로, 감사한 마음을 표시한다. 넉넉하지 않으면서 다른 사람을 돕는다고 하면 욕먹을 것이라는 교인들의 걱정은 기우였다. 벧엘교회가 좋은 일을 한다는 소문이 났다. 교회가 반찬 봉사를 하고 있는 것이 알려지면서, 교회 다니지 않는 마을 사람들도 가끔 일손을 도우러 온다. 안기분 권사는 그게 기쁘다. 홍천읍 장전평리에 큰 절이 두 개나 있어서 가뜩이나 전도하는 게 쉽지 않은데, 교회에 대해 좋은 소문이 나서 다행이라고 생각한다.

교인들 건 한 마리, 마을 사람들 건 한 바구니

감자와 옥수수 농사를 짓느라 바쁜 와중에도 교인들은 반찬 만드는 날을 칼같이 지킨다. 시장도 가고 마트도 가고 좋은 재료를 사기 위해 발품 파는 것은 기본이다. 인심도 후하다. 주일 점심 식사 때 교인들이 먹을거리로 고등어 한 마리만 사면서, 반찬 봉사를 하기 위해 꽁치는 한 바구니나 샀다. 부족한 음식 재료를 가지러 집에 다녀오는 수고도 마다하지 않았다. 반찬 만드는 날, 권오영 집사는 여러 번 자기 집에 다녀왔다. 교회에 있는 굵은 소금이 변변찮아서 가지러 가고, 생선 비린내를 없앨 정종을 가지러 가고, 빨간 고추를 따러 자기 집 텃밭에 다녀왔다. 집사와 권사들이 조그마한 교회 부엌에 둘러앉았다. 누가 무엇을 하자고 정하지 않아도 척척 알아서 분업한다. 이쪽에서 칼질을 하면 저쪽에서 설거지를 하고, 다른 쪽에서는 물을 불에 얹어 육수를 낸다. 각 가정에서 내로라하는 요리사인 주부들이 모였으니 맛에 대한 의견은 제각각이다. 대파를 넣어야 맛있다는 둥, 양파는 나중에 넣어야 한다는 둥, 간장을 넣으라는 둥, 약간의 소란도 벌어지지만 서로의 입에 맞깔난

음식을 넣어주는 것으로 마무리된다.

  이번 주 반찬은 꽁치 조림, 장조림, 도라지 무침이다. 김권녀 권사는 도라지 무침에 들어갈 오이를 써는 데 집중했다. 예쁘게 모양 내고 싶어서다. 김 권사는 '예수 향기 날리는 사랑의 마을 도우미'를 하며 나누는 게 기쁜 일이라는 것을 몸으로 알게 되었다. 김창희 집사는 작은 교회가 뭘 할 수 있을 것이라고 생각하지 않았었다. 그런데 교인이 열 명밖에 안 되는 작은 교회가 이런 일을 할 수 있으니 놀랍고 감사하다. 안기분 권사는 소아마비를 겪어 약간 절뚝거리면서도 앞장서서 장을 보고 좋은 재료를 골랐다. 몸이 불편한데 장보고 부엌일하느라 행여 힘들진 않은가 물었더니 손사래를 친다. "손 만들어 줬으니까 열심히 일해야죠. 이렇게 좋은 일을 하니 얼마나 감사해요."

  미끈한 빨간 빛깔과 그 위에 얹어진 노란 깨의 조화를 지켜보다 못해 도라지 무침을 하나 집어먹었다. 매콤달콤하면서 입 안에 도라지향이 훅 퍼진다. 맛있다. 음식을 만들면서 했던 수다와 웃음과 정성이 이 도라지 무침에 다 들어있는 듯하다.

"컴퓨터 배우러 오세요"

농한기, 심심한 노인들에게 공부를 시키기로 작정했나 보다. 벧엘교회는 2012년 농한기에 컴퓨터 교실을 열었다. 대학교 때 컴퓨터를 전공한 박선희 사모가 부모님에게 알려드리듯 컴퓨터를 알려드렸다. 필요한 것들을 검색할 수 있게 되고 이메일을 쓸 수 있게 되어 어른들이 좋아했다. 올 여름에는 이미용 봉사를 해서, 미용실에 가기 힘든 어른들의 머리를 손질해 드리려 한다.

● 벧엘교회 강원도 홍천군 홍천읍 장전평리 70 T. 033-434-4505

미생물이 섬을 살렸다

EM퇴비 보급으로 마을을 살리는 교회

인천 강화 서도중앙교회

목사인지 박사인지 헷갈렸다. 인천 강화군에 있는 주문도에서 만난 서도중앙교회 박형복 목사는 만나자마자 효소, 항산화 작용 등 어려운 용어들을 술술 늘어놓았다. 이렇게 '문명과는 동떨어진' 외딴 섬에서 목회하는 목사의 입에서 화학에 관련된 전문 용어를 듣는 것이 생소했다. 박 목사가 무슨 학위가 있는 것도 아니다. 그는 독학했다. 미생물 관련 자료는 모두 스크랩했다. 미생물과 연관된 방송들은 빼놓지 않고 챙겨 봤다. 관련 서적들도 섬으로 공수해 공부했다. 그가 연구에 몰두한 것에는 특별한 이유가 있다.

친환경 농법을 찾아 나서다

주문도는 모래로 둘러싸인 섬이다. 모래가 바닷물이 지하수로 침투하는 것을 막아 준다. 그래서 이용할 수 있는 지하수가 풍부하다. 하지만 외부에서 물을 끌어 오는 것이 아니기 때문에 한번 사용한 물이 돌고 돌아서 섬에서 재사용된다. 섬 특성상 농약과 화학 비료, 오폐수가 고스란히 지하로 흡수되고 그것이 지하수를 오염시킬 수도 있다. 박 목사는 주문도의 물이 오염되는 것을 더 이상 방치해서는 안 되겠다는 생각이 들었다. 식수가 오염되면 섬에서 살아가기란 불가능하다. 곧바로 연구에 착수했다. 친환경적인 농사법을 개발하기 위해 효소도 사용하고, 태평 농법도 실험했다. 섬에 적합한 새로운 농법을 찾던 중 박 목사는 EM을 알게 됐다.

EM(Effective Micro-organisms)은 유용한 미생물이란 뜻이다. 효모, 유산균, 누룩균, 광합성 세균, 방선균 등 80여 종의 미생물이 들어 있다. EM은 생활에서 다양한 방법으로 사용할 수 있다. 악취를 제거하고, 물을 정화할 때도 쓰인다. 음식물을 발효시키는 데 탁월한 효과가 있어 음식물 슬러지(sludge : 음식물 쓰레기를 태우고 난 뒤 남는 유기물)로 친환경 퇴비를 만들 때도 사용한다. 하지만 EM은 미생물이기 때문에 정확한 비율로 배양해서 사용하지 않으면 퇴비의 효과를 기대하기 어렵다. 박 목사는 2003년부터 6년

동안 여러 방법으로 실험을 거듭했다. 배양을 잘못해서 실패할 때마다 기록으로 남기고 자료를 정리했다. 결국 박 목사는 퇴비를 만들 수 있는 최적의 조건을 알아냈다.

박 목사는 먼저 교인들을 설득했다. 몇몇 가정에게 박 목사가 직접 만든 EM 퇴비를 나누어주고 사용 방법을 알려줬다. EM 퇴비를 사용하자 수확량이 몰라보게 많아졌다. 감자는 2.5배를 수확했다. 고추, 고구마는 당도가 좋아졌다. 색깔도 나아졌고, 수확해도 쉽게 부패하지 않았다. 입소문이 나 재배가 끝나기도 전에 주문도 주변 지역에서 주문이 들어온다. 꾸준히 EM 퇴비로 농사를 짓자 마을의 환경도 달라졌다. 농약, 화학 비료 때문에 사라졌던 개구리, 메뚜기가 논과 밭에 다시 나타났다. 실개천에서 악취가 사라졌다. EM을 악취가 나는 곳마다 지속적으로 투여한 결과다. 서도중앙교회에서 벌이는 일이 소문을 타서 군에도 알려졌다. 저수지 정화 작업을 하기 위해 박 목사에게 도움을 요청했다. 2011년 5월 EM을 투여한 저수지 물이 3개월 만에 몰라보게 맑아졌다.

박 목사는 마을 주민과 함께 EM 퇴비를 만드는 작목반을 꾸렸다. 많이 만들고 싶지만 퇴비를 생산하고 보관할 공간이 마땅찮다. 매년 한차례 필요한 사람들의 신청을 받아서 신청 받은 만큼만 생산한다. 가격은 1kg에 약 120원, 20Kg 포대에 담으면 2400원 정도다. 처음에는 무료로 나눠 주었다. 하지만 박 목사의 자비로 생산했기 때문에 주문량이 늘어나자 생산비를 감당할 수 없었다. 그래서 원가 정도의 저렴한 비용을 받기로 했다. 볼음도, 아차도 등 주변 섬에서도 EM 퇴비의 소문을 듣고 주문한다.

농약, 화학 비료로 농사짓기를 고집하는 주민들

처음 EM 퇴비를 보급하려고 했을 때 어려움도 있었다. 마을 주민들 대부분이 60~70대의 노인들이다. 주민들은 지금까지 해오던 농사 방법을 쉽사리 바꾸려 하지 않았다. 농사를 지을 때 화학 비료와 농약을 쓰는 것은 주민들에게 당연한 일이었다. 그럴 때 교인들이 적극적으로 나섰다. 윤정애 권사의 집은 마을로 들어서는 입구에 있다. 윤 권사는 길 텃밭에 쪽파를 심고 EM 퇴비를 줬다. 길을 지나던 사람들이 윤 권사에게 "텃밭에 심은 저게 쪽파냐, 대파냐"고 물었다. 쪽파의 성장 상태가 좋아 사람들이 헷갈린 것이다. 이때다 싶어 EM 퇴비의 효능을 동네 사람들에게 잔뜩 늘어놓았다. 먹어 보라고 직접 건네주기도 했다. 직접 보고, 맛을 본 주민들의 생각이 조금씩 달라졌다. 전종길 집사가 작목반 반장을 맡고 EM 퇴비를 사용하라며 주민들을 독려했다. 매년 봄 한차례 서울에서 배편으로 음식물 슬러지를 가져와 포대에 담고, 퇴비 원료를 섞는 일에 교인들 모두가 나선다. 마을 살리는 일에 교회 전체가 동참했다. 지금은 주민 상당수가 EM 퇴비를 사용한다. 마을 주민들은 이제 박 목사의 말을 신뢰하고 따른다. 마을을 좀 더 살기 좋은 곳으로 만들기 위해 노력하는 박 목사의 마음이 진심이라는 것을 알았기 때문이다. 또 하나 중요한 이유는 15년째 섬을 떠나지 않고 목회를 한 점이다. 이제는 마을을 살리려는 박 목사의 진심도, EM 퇴비의 효과도 알게 되었다. 박 목사에게 EM을 연구한 것을 논문으로 써 보면 어떻겠느냐고 했다. 그러자 정색하며 "그럴 일은 없을 것이다"고 했다.

"돈을 벌 욕심으로 했다면 연구한 것을 정리해서 이름도 알리고 돈도 벌었겠죠. 하지만 저는 그럴 욕심이 없습니다. 처음에 이 일을 시작한 것은 선교를 위해서였어요. 주민들의 삶에 관심을 가지고 그들을 돕는 것이 교회라는 것을 보여 주고 싶었던 거죠. 그것으로 그동안 제가 들인 돈과 시간은 충분한 보상을 받았습니다."

117년 전 믿음의 선조들이 남긴 교회

170여 명이 사는 주문도에는 두 개의 교회가 있다. 지난 60년대에 맏형인 서도중앙교회에서 서도교회가 분립했다. 주문도 주민 대부분은 장례도 기독교식으로 치루고, 헌금도 곧잘 하는'기독교인'이란다.

주문도는 올해로 벌써 선교 117년째를 맞는다. 섬사람 윤정일이 선교사들의 영향으로 도외로 나갔다가 전도사가 되어 다시 들어온 게 1902년이다. 마을 유지였던 박 씨 문중이'야소'를 믿기 시작했고, 그 믿음을 실천해 보였다. 섬사람들과 소출을 공평하게 나누고 학교와 교회를 세웠다. 1923년 2월, 교인들 각자 1원씩 모아 한옥 예배당을 건축했다. 추측컨대, 모자란 돈은 박 씨 문중에서 더 보탰을 거라고 한다.

서도중앙교회는 과거 진촌(鎭村)교회, 진말교회로 불린 한옥 예배당에서 새벽예배를 한다. 4×9칸 크기로 지어진 예배당은 문 두 개에 남녀가 따로 들어와서 따로 앉게 되어 있다. 황해도에서 들여왔을 것으로 추측되는 기둥과 재료들을 사용해서 바실리스크 양식으로 지었다. 특히 종탑이 교회 2층 다락에 있는 양식은 국내의 전통 방식과 다르다는 점에서 고유한 문화적 특색을 갖는다. 그래서 1997년 7월부터는 인천시가 이 한옥 예배당을 문화재 자료 14호로 지정해서 관리해 오고 있다.

● 서도중앙교회 인천시 강화군 서도면 주문도길 256 T. 032-932-7010

"불어오는 산들바람 함께 맞을래"

농사, 마을신문, 한글학교로 생명 바람 불어넣는 교회

경남 함양 산들교회

'산'이면 어떻고 '들'이면 어떠리. 가볍고 보드라운 바람이 '산들' 불면서 새싹이나 나무와 만나듯, 딱히 정처가 없어도 만남을 하는 데는 지장이 없다. 산들교회는 반듯한 건물이 없어도 경남 함양군 동백마을 사람들을 만나는 데 불편하지 않다. 오히려 바람처럼 가벼워 노재화 목사(42)의 집 한쪽에서 모이기도 하고, 근처 대안 대학인 온배움터 교실에서 수다꽃을 피우기도 한다. 날씨 좋은 날은 머리 맞대는 그곳이 바로 예배 터다. 말씀도 나누고 노래도 하지만 이 모임이 교회라는 건 아는 사람만 안다. 우선 건물이 없다. 젊은 청년들 몇몇이 뭔가 작당하는 것 같은데 하는 게 농사고, 마을신문이고, 동네 어르신과 함께하는 한글학교 따위니, 일반적으로 교회라고 하면 떠오르는 그림과 이들의 행보가 도통 겹쳐지지가 않아서다. 그게 무슨 상관이랴. 동백마을 할미들과 부대끼는 게 좋을 뿐인데…. 때론 할미들에게 농사를 묻다가 쯧쯧 소리를 듣기도 하지만, 때로 "젊은 기 농사짓는다고 욕본다"는 칭찬을 받으면 쑥스러우면서도 그렇게 좋을 수 없다. 할미들이 할배들 욕할 때 훈수 두는 것이 재미있고, 한글을 가르쳐 드렸더니 편지를 썼다고 자랑하

시니 보람이 있다. 그렇게 매일 살면 되지, 교회라고 꼭 무엇을 더 어떻게 해야만 하는 건가.

날 좀 보'쏘'? 날 좀 보'소'?

한글 학교인 '자발 글꼴 학교'를 하게 된 것도 할머니들과 북덕대고 싶어서였다. 쉴 틈이 생기는 겨울에는 그래도 자주 뵙지만 한창 농사철엔 할머니들 얼굴을 앉아서 보기 힘들다. 그래서 일주일에 한 번 마을 회관에 할머니를 모시기로 했다. 할머니들도 "시방, 죽그 전에 한글을 일꼬자퍼"라는 소망을 가지고 있던 참이었다. 하지만 마음과 달리 나이 들어 공부하기가 여간하지 않다. 그리고 매일 보던 드라마를 끊고 싶지도 않다. "세상이 무너져도 드라마는 봐야 한

산들교회 115

다"고 하기에 그러자고 했다. 세상이 무너지는 일보다 더 급한 일이 있겠는가. 저 못된 것이 어쩌고저쩌고…. 드라마를 보며 감정이입하는 할머니들을 보니, 그대로 수업을 진행했다가는 마음이 딴 곳에 가 있으니 큰일 날 뻔했다는 생각이 절로 든다. 드디어 드라마가 끝나고 공부 시간. 제꺼덕 학습 분위기로 전환이 안 되는 할머니들을 위해 선생님인 제갈은하 씨(28)가 꾀를 냈다. 칠판에 민요를 한 가득 써 놓는다. 오늘의 노래는 '밀양 아리랑'. '날 좀 보쏘'라고 발음되는데 왜 '쏘'가 아닌 '소'를 써야 하는지 어렵기만 하다. 그나마 다행은 가락이 구성져 흥이 나는 것. 신이 나야 공부도 하지. 선생님과 같은 마음에서인지 임귀남 할머니(72)는 음식을 가져왔다. 함께 먹으려고 음료수와 오징어 한 마리를 준비해 왔다. 안 그래도 요즘 기분이 최고다. 얼마 전에 사위에게 편지를 쓰고 답장도 받았다. 노임식 할머니(77)는 질투가 나는지, 이번 성탄절에 손녀에게 카드를 꼭 쓸 거라고 한다. 그러니 한글 학교를 빠질 수가 없다. 게다가 할머니들과 이야기하는 게 재미있기도 하다. 강경님 할머니(82)는 가장 열심을 내는 학생이다. 스스로는 아직 어렵다고 했다. 한글을 잘 못하지만 가르쳐 준다니까 고마워서 온다고 했다. 할미들은 공책에 쓴 글씨를 자꾸 가리려고 했다. 글씨가 못생겼다고, 자꾸 틀린다고 부끄러워했다. 노 목사가 욕심 부리지 말라고 채근이다. "큰 욕심을 부리면 안 돼. 뭐든 나이가 들면 금세 까먹어요. 당연한 거야. 그것 때문에 화내거나 안타까워하지 말아요."

할머니들과 자주 만나 수다를 떨다 보면 생활을 알게 된다. 할머

니들이 몸이 아픈데 차편이 없어 한의원에 갈 엄두를 못 낸다든지, 농한기에 너무 심심해한다든지 하는 것들 말이다. 지난여름에 안의면에서 한 한의사가 의료 봉사하러 왔는데 그때 할머니들이 침·뜸 덕을 좀 보았다. 자주 가고 싶은데 마음뿐이었다. 동백마을에서 함양읍까지 차를 타고 가서 다시 안의면으로 가야 하는데 차가 띄엄띄엄 다니는 탓에 버스 시간을 맞추는 일이 여간 번거롭지 않아서다. 할머니들이 그렇다는데 가만히 있을 수가 없었다. 할머니들을 한의원에 모셔 가는 일을 산들교회가 맡았다. 일주일에 한 번씩 할머니들을 한의원에 모셔다 드리고, 진료 시간을 기다렸다가 다시 모시고 온다. 오가는 길에 수다 한 바가지는 새로운 재미다. 농한기에는 지리산생명연대의 도움을 받아 옛날 영화를 상영했다. 영화를 보자고 한 시간이나 떨어진 진주에 갈 사람이 얼마나 되겠는가. 하지만 10분을 걸어 마을회관에는 올 수 있다. 〈님은 먼 곳에〉 같은 추억의 명화에 마을회관이 금세 만원이 되었다.

"나 시집온 이야기는 〈자밭통문〉에서 봐"

무엇보다 올해 산들교회가 야심차게 계획하고 있는 것 중 하나는 마을 신문이다. 한글 학교 선생님인 제갈은하 씨와 현혜지 씨(32)가 팔방으로 뛰기로 했다. 신문 이름은 〈자밭통문〉. 자밭은 잣나무 밭을 뜻한다. 이곳 동백마을과, 이웃한 서백마을은 백전면에 속해 있다. 백전은 잣나무의 한자말이다.

자밭에서는 무슨 일이 일어났을까. 신문 이름만 들어도 호기심이 차오른다. 혜지 씨는 이번 창간호에서 같이 살고 있는 할머니를 인터뷰하고 싶다. 평소 듣던 얘기들이 무척 재미있어서 혼자 알고 있기 아깝다. 신랑 얼굴도 안 보고 이 마을로 시집오게 된 이야기부터 시작해서 6·25 피난 시절 이야기는 몇 번을 들었는데도 흥미진진하다. 할머니가 해 주는 요리도 소개하고 싶다. 은하 씨는 마을 자체를 깊이 들여다보고 싶다. 마을 이름의 유래가 궁금하다. 이장을 만나고 동사무소를 찾아가 자료를 수집하고 있다. 이 지역에 부쩍 많아진 귀농자들과 원래 살던 주민들과의 이야기 창고가 되고 싶은 욕심도 있다. 한 달에 한 번 통문을 발행하려 한다. 신문을 통해서 마을의 중요한 대소사들이 알려졌으면 좋겠다. 마을통이 되려면 다른 방법이 없다. 자꾸 만나는 수밖에.

얼마 전 산들교회는 자립 기반을 마련하려고 농사지을 땅 몇 평을 샀다. 그걸 위해 오랫동안 준비했다. 올 봄 동백마을 할머니들과 나란히 골을 내고 씨를 뿌리고 거름을 주고 땀 흘리고 그러다 불어오는 산들바람도 함께 맞을 것이다.

자발 일구는 두 아가씨

산들교회는 인근에 있는 대안 대학인 온배움터(구 녹색대학)에 장학금을 준다. 노재화 목사는 온배움터 대학원의 녹색교육학과 1기 졸업생으로, 지금은 기초 과정 교사, 생태교육연구소 상임 연구원이다. 온배움터는 몇 가지 면에서 다른 대학과 다르다. 경쟁에서 이기는 것보다 함께 사는 공존과 상생을 중요시하는 게 다르다. 돈으로 해결하는 문명에서 몸 놀리기를 배운다. 농사지은 것으로 밥 지어먹고 생태건축으로 자기 집 짓는 법을 배운다. 얼핏 시대에 뒤떨어져 보일 수도 있는 걸 배우러 오는 청년들이 있다. 제갈은하 씨와 혜지 씨도 그런 이들이다. 제갈은하 씨는 다니던 대학을 자퇴하고 온배움터를 찾아왔다. 아픈 사람들을 돌보고 싶어서 대체의학과에 입학했는데 실망이 컸다. 사람들 돌보는 것보다 돈 버는 것에 초점을 맞추는 교육이 힘들었다. 은하 씨는 지금 농사를 지으며 생명을 돌보고 있다. 올해 학교 텃밭에 지은 고추 농사는 성공적이었다. 약 안 뿌리고 짓기 어렵다는 고추 농사를 성공하니 자신감이 붙는다. 마을 할머니들에 비하면 여러 모로 서툰 게 당연하다. 그래도 농사하는 맛, 생명이 자라는 맛이 이거라는 걸 알게 됐다. 혜지 씨는 사회학과에서 공부하다가 온배움터를 찾았다. 아등바등하며 나만을 위해서만 살고 싶지 않았다. 지금은 '생명 살림' 과정을 배우는 지금의 선택을 한 걸 후회하지 않는다. 각종 발효 식품과 저장 음식을 만들고 전통 옷을 만드는 법도 배우고 있다. 살고 싶은 삶은 이런 게 아니었을까. 어렴풋하지만 제 길을 찾아가고 있는 것 같다.

● 산들교회 경남 함양군 백전면 양백리 동백마을379 T. 070-7437-8390

땅과 더불어 커져가는 사랑 열매

청국장, 감식초 사업으로 지역에 자신감 불어 넣는 교회

전북 남원 갈계교회

'청국장이 장이냐, 거적문이 문이냐.'못된 사람은 사람이라 할 수가 없고 좋지 아니한 물건은 물건이라 할 수 없다는 속담이다. 속담을 만든 사람은 코끝을 찌르는 청국장의 냄새를 유독 싫어했던 모양이다. 싫어하는 사람들에게야 발 냄새에 불과하겠지만, 마니아들에게 청국장은 겨울철 별미다. 청국장이 특별한 사람들이 있다. 갈계교회 교인들에게 청국장은 교회 공동체를 세우는 효자 상품이다. 갈계교회에서 생산하는 청국장의 한 해 수입은 450만 원 정도다. 출석 교인 13명 남짓인 시골 교회에게는 어마어마한 수입이다. 갈계교회를 담임하는 강기원 목사는 수익금을 차곡차곡 모으고 있다. 마을 공동체를 만드는 데 쓸 생각이다. 강 목사는 자신이 꿈꾸는 공동체를 위해 매일 기도한다.

자립 위해 손에 흙 묻히는 목사

갈계교회는 전라북도 남원군 아영면 지리산 시루봉 자락이 펼쳐지는 곳에 있다. 감이 익는 가을이 오고, 논밭의 추수가 끝나면 교인들은 청국장을 만들기 위해 교회로 모인다. 교인들이 머리를 맞

대고 이름 지은 '지리산 갈계골 청국장'은 1년 중 늦가을에서 겨울까지만 생산한다. 그러고도 한 해 매출이 450만 원가량이니 수입이 괜찮은 편이다. 그런데 왜 1년 내내가 아닌 늦가을에서 겨울 사이에만 청국장을 만드는 걸까. 먼저 겨울이 청국장의 수요가 가장 많은 때이기 때문이다. 후덥지근한 여름에 청국장을 찾아가며 먹는 사람은 많지 않다. 여름에는 주문이 들어올 리가 없다. 또 다른 이유가 있다. 갈계골 청국장은 옛날 방식 그대로 담기에 사람의 손이 많이 간다. 콩을 깨끗이 씻고, 삶고, 식히고, 숙성하고, 방아에 찧기까지 꼬박 5~6일 정도가 걸린다. 기계도 사용하지 않는다. 그러니 논밭 일이 한창인 봄·여름·가을에 교인들이 청국장을 만드는 일에 참여하기는 쉽지 않다. 교인들에게 교회를 위해 생업을 포기하라고 할 수는 없다. 그런 이유로 갈계골 청국장은 농번기를 지나서야 생산이 시작된다. 보통이 11월초다.

교회가 청국장 사업을 하려 할 때 교인들 모두는 강하게 반대했다. 그들은 "목사는 말씀·기도·심방만 열심히 하면 된다. 목회자 손에 흙을 묻히게 할 수는 없다"고 주장했다. 강 목사가 그저 전통적인 목사의 본분에 충실하기만을 바랐다. 그래도 끈질기게 교인들을 설득했다. 지리산을 찾아 내려오며 다짐한 것들이 있었기 때문이다. 강 목사는 본래 농촌 목회를 하고 싶은 생각이 전혀 없었다. 부목사를 하며 목회 임지를 찾고 있을 때 자리가 난 곳이 하필 갈계교회였다. 강 목사는 진지하게 고민했다. 대부분 목사들이 농촌 교회를 통과 의례로 생각하는 것을 보며 자신의 안정을 쫓아 양

무리를 버리는 목사가 되고 싶지는 않았다. 며칠을 고민하다 갈계교회를 선택했을 때는 '제대로 된 농촌 목회를 해 보자'는 결심이 섰을 때였다. 직접 농사를 짓는 목사가 되자고 결심하며 갈계마을로 내려온 것이 2005년이었다. 강 목사는 설교 시간에 "교회가 자립해야 한다. 그러기 위해서는 목사도 손에 흙을 묻혀야 한다"고 누누이 강조했다. 그렇게 몇 개월을 설득하고 나서야 교인들이 메주콩을 심어도 좋다며 밭을 내 줬다. 우여곡절 끝에 시작한 청국장 사업은 80년이 넘은 교회 역사의 한 페이지를 장식했다. 콩밭을 갈아엎는 일부터 장난이 아니었다. 경운기와 트랙터가 들어갈 수 없는 밭이었다. 돌작밭을 갈기 위해 소 쟁기를 동원했다. 교인들이 힘을 합쳐 밭을 갈고, 콩을 심었다. 모든 과정을 카메라에 담았다. 5년이 지난 지금 콩 농사는 강 목사가 손수 한다. 강 목사는 "콩이야 뿌리

기만 하면 자라니까"하고 웃는다. 농사 경험이 풍부한 교인들이 없었다면 불가능한 일이었다.

수익 사업 통해 얻은 자신감 마을에도 전하기

지금은 교인들도 교회 사업을 긍정적으로 생각한다. 2006년 말에는 교인들이 주도해'갈계골 감식초'생산을 시작했다. 마을의 많은 감나무는 전부 단감이 아닌 연감이다. 강 목사는"연감은 감식초 양은 적게 나오지만, 맛과 향은 단감의 그것에 비해 탁월하다"고 설명했다. 말을 마친 강 목사가 항아리 뚜껑을 열더니 긴 막대기로 휘하고 한번 젓는다. 이렇게 해야 발효가 잘되고 색도 변하지 않는다고 한다. 청국장을 11월부터 생산하기 때문에 꾸준한 수익을 얻으려 된장 판매도 곧 시작한다. 2011년 200kg의 메주를 담갔고, 2012년 5월 초순이면 맛 볼 수 있다. 된장을 담그면서 나오는 물인 간장도 함께 판매할 예정이다.

갈계교회는 한국기독교장로회 농민선교목회자연합회 주선으로 서울 강남구 대치동 동광교회(장빈 목사)와 2009년 자매결연을 맺었다. 1년에 한 번 여는 동광교회 가을 바자회에서는 갈계교회가 생산한 청국장도 판매한다. 2011년 김장철에는 배추 겉절이를 만들어 싼 가격에 공급하기도 했다.

강 목사는 청국장·감식초 사업을 통해 교인들이'농촌에도 길이 있다'는 자신감을 얻은 것과 교회 일을 하며 단합하는 공동체 문화를 경험한 것이 큰 이익이라고 했다. 이제 갈계교회는 자신감과 단

합이라는 큰 이익을 마을 주민들과도 나눌 생각이다. 사업을 통해 모은 돈을 마을을 가꾸는 데 쓸 예정이다. 2011년 여름에는 교회를 리모델링해 게스트하우스를 지었다. 한 가족이 놀러와 쉬고 갈 정도의 크기다. 재정이 더 마련되면 돌담도 쌓고, 대나무 숲을 조성하고, 마을 문화제를 가꿔 도시 사람들이 다녀갈 만한 갈계마을로 꾸밀 것이다. 도시에서 찾아오는 사람들은 자연 속에서 휴식해서 좋고, 마을 사람들은 도시 소식과 함께 도농 직거래의 길을 열어 농가 경제의 활력을 찾고자 한다. 갈계교회의 꿈이 영글어 가는 가을 과실처럼 열매 맺을 날이 조만간 오지 않을까.

찢어진 교회 봉합 꿈꾸는 갈계마을

장로교회는 50년대 들어 두 번의 분열을 경험한다. 1953년에는 예장에서 기장이 나오고, 1959년에는 예장이 통합과 합동으로 갈라진다. 교단의 분열은 각 지역 교회에도 영향을 미쳤다. 갈계교회도 마찬가지. 1928년 세워진 갈계교회는 1953년 교단 분열과 함께 교회가 둘로 쪼개지고 만다. 고작해야 70가구가 살고 있는 작은 마을에 두 개의 교회가 있으니 마을 주민들의 시선이 곱지 않다. 두 교회의 담임 목사인 강기원 목사와 김승택 전도사도 이 사실을 잘 알고 있다. 강 목사에 따르면 교회의 지난 역사에서 통합을 위한 노력이 계속 있었지만, 막판에 번번이 뒤집어졌다. 두 교회는 당장 통합하기는 어렵겠지만, 작은 부분에서 교류를 시작하면 언젠가는 다시 하나가 될 것이라고 기대한다. 2006년에 결성된 아영면기독교연합회(아기연)에 두 교회가 참여하고 있다. 아기연에서 하는 일은 크게 두 가지다. 경로 대학과 연합 부흥회다. 아영면의 경로 대학에는 70여 명의 어르신들이 참석하고 있는데, 그중 갈계마을 어르신은 평균 5~6명이다. 아기연 연합 부흥회는 아영면 지역 주민들의 신앙 성숙과 화합을 위해 매년 12월 초순 2박 3일 일정으로 열린다. 헌금은 경로 대학 지원과 더불어 아영면 초·중학교 장학 사업에 사용된다. 강 목사는 연합 사업이 두 교회 교역자들이 만나는 장이라고 평가한다. 2006년에는 서부갈계교회 전임 사역자인 형정열 전도사가 공동 식사를 제안해, 구역 예배를 함께 하고 같이 식사를 하기도 했다.

● 갈계교회 전북 남원시 아영면 갈계리 383-1 T. 063-626-5058

예수가 좋아
친환경 농사 하는 사람들

유기농 보급으로 지역 마을 살리는 교회

충남 아산 송악교회

아산시 송악면은 유기농 단지로 유명하다. 우리나라 처음 생협인 '한살림'의 최대 생산지이다. 친환경 농법으로 짓는 논밭이 각각 20만 평 정도다. 송악면에 유기농 단지가 형성된 데에는 송악교회의 역할이 컸다. 교인들 대부분도 친환경 농법으로 농사짓는다. 모든 것을 교회가 했다고 할 수는 없지만, 교회가 시초였고 지역 사회를 변화시키는 데 불을 지폈다. 17년 전, 이종명 목사가 송악교회에 부임하기 전까지 송악면에는 친환경 농법으로 농사짓는 사람이 거의 없었다. 다른 지역처럼 제초제와 농약을 사용해 농사를 지었다. 송악교회 교인들도 그랬다.

땅은 하나님의 것

신학생 시절부터 농촌목회연구회를 하며 농촌 목회에 관심이 있던 이 목사는 송악교회 담임으로 부임하며 친환경 농법 전도사를 자처했다. 송악면은 유기 농사를 짓기에 제격이었다. 송악면은 상수원 보호 구역이라 개발이 제한되어 공장도 아파트도 없다. 우루과이라운드협정 이후 어려움에 처한 농민들에게 새로운 길이 필요했다. 신앙적으로도 땅을 죽이면서 농사를 짓는 건 아니라고 생각했다. 생육하고 번성하라고 하나님이 주신 땅에서 인간과 뭇 생명이 함께 생육하고 번성하기 위해서는 죽어 가는 땅을 살려야 했다. 송악면은 개발에는 최악이지만 땅을 살리는 농사에는 최적이었다.

50년이 넘는 역사 속에서 농민 운동 등에 적극 참여해 왔던 교회였는데도 교인들이 농법을 바꾸는 것은 쉬운 결정이 아니었다. 제초제와 농약을 쓰지 않는 친환경 농사는 배나 힘이 들었다. 일일이 풀을 뽑고, 벌레를 잡아 줘야 한다. 유기 농산물이 농약을 쓴 농산물보다 가격이 비싼 것은 사실이지만, 판로가 확실하지 않다는 것도 불안했다. 이 목사는 유기 농사를 짓는 사람들을 마을로 초청해 강연회를 열었다. 강연회 장소가 교회면 교회에 다니지 않는 사람들이 참석하지 않을까 봐 마을 회관을 빌려 강연회를 열었다. 교인

들을 유기 농사를 짓는 지역에 데리고 가 현장을 보여줬다. 그리고 환경을 돌보는 것이 신앙인의 역할임을 강조했다. 교회에서도 농민 선교위원회를 조직해서 친환경 쌀과 채소 등을 먼저 생산했다. 어려운 결정이었지만, 교인들이 하나둘 친환경 농사를 짓기 시작했다. 여러 번 시행착오가 있었지만, 지금은 농사짓는 교인 대부분이 친환경 농법을 이용해 농사를 짓는다. 농사만 짓는 것이 아니라 마을 사람들이 유기 농사를 지을 수 있도록 도왔다. 교인들의 노력으로 마을에서도 친환경으로 농사짓는 사람이 늘어났다.

생태 마을 되니 인구도 늘어

친환경 농사만 짓게 된 것은 아니다. 교인들이 유기 생태에 눈을 뜨게 되면서 지역의 다른 부분도 유기적으로 바뀌었다. 송악면에

있는 송남초등학교는 급식 재료를 유기농으로 바꾸었다. 생태 교육도 한다. 송악교회에서 운영하는 송악골어린이집도 친환경 농산물로 식단을 짜고, 매주 하루씩은 들로 산으로 생태 체험을 한다. 친환경 농산물로 급식을 하니 아토피로 고생하던 아이들이 건강을 되찾았다. 땅과 사람이 살아나자 농촌을 찾는 사람이 늘어났다. 다른 농촌 지역은 인구가 자꾸 줄어드는데 송악은 그렇지 않다. 친환경 농사를 지어 보겠다며 젊은이들이 이사해 왔다. 또 아이들을 건강한 환경에서 기르겠다는 발걸음도 이어졌다. 학생이 100명 미만이었던 초등학교도 학생이 130여 명으로 늘었다. 한 학년에 한 반뿐이었는데 지금은 두 반이 되었다.

지역이 살아난 것에 대한 수혜는 교회도 보고 있다. 눈에 보이는 것은 교인들이 늘었다는 것이다. 젊은 교인들이 늘면서 아이들도 늘었고, 청소년들도 많아졌다. 교회가 지역을 섬기는 여러 가지 일들이 힘을 받았다. 이 목사는 교인들이 교회를 향한 구심력보다 지역을 향한 원심력이 더 강하다고 말한다. '한살림'조합, 초등학교 운영위원회, 시민 단체 등 지역 내에서 이루어지는 많은 활동이 송악교회 교인들을 주축으로 이뤄진다. 물론 고민은 있다. 친환경 농사로 지역이 살아나고 있지만, 아직 농사짓는 사람들의 삶은 넉넉하지 않다. 친환경 농사를 짓는 사람들의 입에 들어가는 것은 일반 농산물이다. 자신이 재배한 것을 제외하고 일반 농산물에 비해 가격이 좀 더 비싼 친환경 농산물을 사 먹을 형편이 되는 농부는 그리 많지 않다. 안정되고 다양한 판로를 개척하는 것도 문제다.

'한살림' 아산시 생산자연합회 송악지회장인 이헌범 장로(61)도 비슷한 고민을 하고 있었다.

"처음에는 소득도 높아진다 하고 생명 산업이라니깐 친환경 농사를 지어 보겠다고 마음먹었죠. 소비자들에게 일반 농산물보다 비싼 가격으로 팔리니 농부들의 소득도 높아질 것 같지만 꼭 그런 것은 아니에요. 그래서 시작했다가도 생각보다 돈도 안 되고 손 가는 일은 많아지니까 그만두려는 사람도 많죠. 농민들은 사실 환경이나 생명보다 수익이 앞장서야 하거든요. 그런데 소득이 뒷받침되지 않아도, 힘들어도 친환경 농사는 환경과 자라나는 생명을 위해서 꼭 필요하잖아요. 그래서 조합에서 농민들을 설득하는 작업을 지속적으로 하고 있어요. 저도 친환경 농업이 사명이라고 생각하고 하고 있어요."

친환경 농사를 짓는 것이 쉽지 않다고 이야기하면서도 교인들은 유기 농사에 대한 칭찬과 자부심이 대단하다. 할 수만 있다면 더 많은 사람들이 친환경 농사를 짓도록 전도한다고 했다. 힘들더라도 친환경 농법으로 농사짓는 걸 포기하지 않겠다고 했다. 땅은 하나님이 주신 것이고, 하나님이 주신 그 땅을 죽일 수 없기 때문이다.

지역 주민이 우리의 힘!

지역 무의탁 노인들에게 매주 한 번 반찬을 만들어 배달하는 오병이어 운동, 문화 교육을 하는 사회복지관. 생태 교육을 하는 송악골 어린이집, 저소득층·한 부모·조손 가정 어린이들과 청소년의 보육과 교육을 위한 반딧불이지역아동센터. 송악교회가 지역 사회를 위해서 하는 일이다. 하늘이 열려 돈이 떨어지는 것도 아닌데, 교인이 100명 정도인 송악교회가 어떻게 이런 사역들을 하는 걸까. 이종명 목사는 교회만 이 일을 하는 것이 아니라고 했다. 교회는 장이 되어 줄 뿐이다. 송악교회는 사업을 시작하며 후원회를 조직하는 걸 원칙으로 하고 있다. 지역아동센터를 시작할 때도, 무의탁 노인 반찬 배달을 할 때도 후원회를 만들었다. 사업을 시작하면서 무엇보다 힘을 쓴 것이 후원회를 결성하는 일이었다. 사람들을 찾아가 교회가 할 일을 설명하고 후원해 달라고 했다. 소식지를 만들어 하는 사업을 알렸다. 돈이 필요하기도 하지만 지역 사회를 위한 일에 지역 사람들이 참여해야 한다는 생각에서다. 후원 회원이 늘어나면서 예전에는 무의탁 노인들에게 반찬만 배달했는데, 이제는 집수리도 할 수 있게 됐다. 명절이 되면 선물도 한다. 자원봉사 팀도 꾸려졌다. 무의탁 노인들을 위한 개방형 요양 센터를 지을 계획도 세웠다. 지역 사회에 함께하니 교회 혼자 할 때보다 더 많은 일을 하게 됐다.

"지역은 하나님께서 만드신 사람과 모든 자연과 생명이 더불어

> 살아가는 동산이다. 모든 성도는 하나님께서 맡기신 청지기 직분에 충실하여 지역 안에서 모든 생명을 섬기면서, 더불어 하나님의 축복을 누리면 살아가게 된다."(송악교회'꿈 2030'중)

● 송악교회 충남 아산시 송악면 외암리 585 T. 041-543-3926

라면 두 박스가 만든 기적

헌금 40%를 지역 사회 위해 사용하는 교회

충남 금산 금산평안교회

군 단위의 시골 마을들은 숙원 사업이 하나 있다. 도시가스가 마을 곳곳에 들어오는 것이다. 도시가스가 들어오지 않는 마을에서는 난방으로 가정용 등유를 사용한다. 등유 가격은 1l당 약 1,400원에 육박한다. 겨울을 나려면 연료비만 한 달에 수십만 원이 든다. 만만치 않은 연료비에 기름보일러는 저소득층에겐 그림의 떡이다. 물론 정부에서 약간의 난방비를 지원해 주지만 겨울을 나기엔 턱없다. 가난한 사람이 주로 사용하는 연료는 연탄. 연탄 한 장 가격은 지역에 따라 500원에서 1,000원 정도다. 하루에 넉 장, 한 달이면 120장. 밥을 짓거나 국을 끓일 때도 사용해야 하니 실제로 필요한 수량은 이보다 많다. 연탄 가격이 등유보다는 싸다 해도 가난한 사람은 마음껏 사용할 수 없다.

 금산평안교회(홍승훈 목사)는 겨울을 따뜻하게 날 수 없는 사람들에게 2002년부터 연탄을 지원하고 있다. 2004년에는 아예 연탄은행을 열었다. 2002년 5,000장으로 시작한 연탄은 매년 늘어 이제는 수십만 장이 이웃에 나눠진다. 연탄은행은 연탄만 나누지 않는다. 쌀, 김치를 나누는 것도 연탄은행 몫이다. 설날에는 떡국

떡·한과·고기·과일 등을 담은 선물 상자를 전달한다. 추석에는 연탄을 지원받는 어른들과 다문화 가정 여성들이 함께 송편 만드는 행사를 열어 외로움을 나누고 문화를 전수할 수 있는 기회도 마련한다.

지역 사회의 효도 손

빨래방도 운영한다. 요즘 같은 세상에 세탁기가 없는 집이 있을까 싶지만 많다. 홍 목사가 연탄을 나르며 보니 연탄은행의 주 수요자인 독거노인이나 소년·소녀 가장, 조손 가정은 한겨울에도 손빨래하는 집이 많았다. 2008년 빨래방을 시작했다. 주변 기업과 군의 지원으로 세탁기·건조기·이동식 빨래 차를 구입했다. 빨래를 빨래방으로 가져올 수 있다면 빨래방에서 빨래를 해 가고, 거동이

불편하거나 집이 멀다면 빨래 차로 방문해 빨래를 해 준다. 빨래방을 이용하는 가구가 한 달에 200가구가 넘으니, 가난한 사람들에겐 연탄 못지않은 효도 손이다.

금산평안교회의 지역 섬김은 이것뿐이 아니다. 지역 아동 센터도 운영한다. 군내 청소년들에게 장학금도 지급한다. 성인 한 명과 비행 청소년 한 명을 결연해 용돈을 주는 사업도 한다. 이발과 미용 봉사도 한다. 그러고 보니 금산 군내 도움의 손길이 필요한 곳 중에서 금산평안교회의 손길이 안 닿은 곳이 없다. 이렇게 많은 일을 하니 금산평안교회가 무척 큰 교회 같지만 출석 교인 수는 100명 남짓이다. 역사가 오래되지도 않았다. 이제 10년 됐다. 10년 전 개척한 교회니 당연히 처음부터 이렇게 많은 사업을 했던 것은 아니다.

금산평안교회 역사는 교회의 지역 복지 사업 역사와 같다. 홍 목사가 금산에 내려온 것은 1999년 12월. 선배가 9개월 동안 목회하던 교회였다. 교회라고 하지만 출석 인원은 고등학생·대학생·청년 각 한 명. 농촌 목회에 비전도, 준비된 것도 없던 홍 목사는 교회를 어떻게 만들어 갈 것인가를 고민했다. 2000년 3월 금산평안교회를 개척하고 지역 사람들이 교회를 어떻게 생각하고 있는지, 교회에 원하는 것은 무엇인지, 교회가 지역을 어떻게 도울 수 있는지 등을 조사했다. 사람들을 만나 물었고, 기도했다. 그리고 결정한 것이 '하나님나라와 의를 구하는 교회'였다. 홍 목사가 생각했던 '하나님나라와 의를 구하는' 것은 사람들을 섬기는 것이었다. 예수께서도 이

땅에 오셔서 사람들을 섬겼기 때문이다. 교인들과 함께 '지역 사회를 섬기자, 하지만 우리가 할 수 있는 걸 하자'고 결정했다. 그래서 결정한 것이 외부의 지원은 받지 않는 것과 교회 재정의 40%를 지역 사회를 위해 사용하는 것이었다. 한 달 헌금이 10만 원도 안 됐지만, 할 수 있는 것을 하면 된다고 생각했다.

헌금 40%는 지역 사회를 위해

 라면 두 박스, 지역 사회를 위해 뗀 헌금 40%를 사용해 처음 산 물건이다. 홍 목사는 라면 두 박스를 가지고 마을 이장을 찾아갔다. 교회가 직접 전달할 수도 있지만 너무 교회를 드러내는 것은 좋지 않다고 생각했다. 성경을 보면 즐거운 마음으로 열심히 모이고, 서로의 것을 나누는 초대교회를 보고 사람들이 칭찬했다. 교회가 우리 교회 좋은 일 한다고 소문낸 것이 아니었다. 이장을 통해 라면을 4년 동안 지원했다. 교회가 커지며 예산도 늘고 물량도 늘었지만 라면을 전달하는 것은 변하지 않았다. 4년 뒤 라면 지원이 장학금 지원 사업으로 바뀌면서도 금산평안교회는 이 같은 원칙을 지킨다. 장학금을 지원할 때 대상자를 교회로 부르지 않는다. 대상이 정해지고, 지원이 확정되면 그냥 통장에 돈을 넣어 준다. 성인과 비행 청소년을 결연할 때도 마찬가지다. 교회는 중매쟁이 역할만 한다. 연결해 주고 서로 잘 교제할 수 있게 돕는다. 그래서 교회가 설립한 연탄은행도, 지역 아동 센터도 모두 교회 밖에 있다. 아이러니한 말 같지만 홍 목사는 사람들을 교회로 불러 모으지 않는 것이 복음을 위한 것이라고 했다. 또 이 일을 통해 복음이 전해지지 않는다면 아무 의미가 없는 일이라고 했다.

"교회의 본질은 교인 수가 많아지는 것도, 헌금을 많이 걷는 것도, 연탄은행을 해서 이웃을 돕는 것도 아닙니다. 교회 본질은 예수를 따라 사는 이들을 길러 내는 것입니다. 초대교회가 핍박받으면서도 사람을 길러 낸 것처럼 우리도 사람을 길러야 합니다. 꿈꾸는 하나님나라가 내 세대에서 이루어지지 않는다면 다음 세대에서 이루어질 거라는 믿음으로 말이죠. 왜 드러내고 싶지 않겠습니까. 하지만 더디더라도 믿지 않는 자들을 통해 소문이 퍼져 나갈 때 그 말에 힘이 있습니다. 사람들이 칭찬하던 초대교회에 하나님께서 날마다 구원받는 사람들을 더하신 것처럼 말이죠."

교인 중 90%가 새 신자

교회가 지역 사회를 돕는 사역을 많이 하다 보니 간혹 금산평안교회를 향해 목양과 전도는 언제 하냐고 묻는 사람들이 있다. 그래서 교회가 운영되느냐며 걱정하기도 한다. 하지만 그것은 기우다. 금산평안교회는 90%가 새 신자다. 수평 이동으로 교인 수가 줄고 느는 한국교회에서 기이한 일이다. 기이한 일은 또 있다. 대부분의 시골 교회는 젊은 사람들은 도시로 떠나고 남은 인구는 늙어 점점 노령화해 가는데, 금산평안교회는 출석 교인 중 30~40대가 가장 많다. 이

옷을 도우면서 예수 믿으란 소리도 안 하는데, 사람들이 스스로 교회에 나오겠다고 한다. 김순옥 할머니(가명·86)도 스스로 교회에 찾아오셨다. 연탄은행을 통해 3년을 지원받던 김 할머니는, 어느 날 홍 목사에게 예수 믿는다는 게 목사님 같다면 내가 교회 가겠다며 교회에 나오기 시작했다. 지금은 돌아가신 이경진 할머니도 그랬다. 이 할머니가 홍 목사에게 연탄을 달라고 요청하며 인연을 맺게 되었는데, 하루는 할머니가 홍승훈 목사 손을 잡고 이런 말을 했다고 한다.

"내가 수도 없이 제사를 드렸는데 우리 본좌님은 나에게 해 준 것이 없어. 근데 목사님은 나를 안 지 얼마나 됐다고, 연탄도 주고 약도 주고 관심도 보여 주고. 내가 교회 나가야겠어."

홍 목사는 스스로 교회를 찾아오는 사람이 많더라도 금산평안교회가 대형 교회가 될 수 없다는 것을 안다. 하지만 교인들이 나눔을 통해 진정한 영성의 의미를 알게 되고, 또 그것으로 지역 사회를 돌보게 된다면 지역 사회를 섬기는 일에서만큼은 한계 없이 성장하는 교회가 될 것이라고 믿는다.

● 금산평안교회 충남 금산군 금산읍 상리 316 T. 041-753-8291

에필로그
시골교회, 당신에게 희망을 보았습니다 _ 김세진

답답한 일들뿐이었습니다. 목사가 교횟돈을 마음대로 썼다는 이야기며 교인들을 속이고 세습을 했다는 제보, 믿었는데 성추행을 당했다는 사건까지 머리가 지끈거렸습니다. 해야 할 일 리스트, 만날 사람 명단을 나열하면 벌써 일년 치 다이어리 한 권을 다 채울 분량인데, 그중 마음 열고 만나고 싶은 사람은 별로 없었습니다. "네가 뭔데 사실이 아닌 얘기를 썼느냐. 내일 당장 교인들을 끌고 회사 앞으로 가겠으니 각오해라"는 이야기를 또 들을까 싶어, 모르는 번호로 오는 전화는 받기가 싫었습니다.

그런 일상에 숨 쉴 일이 생겼습니다. 카메라 무게쯤이야, 낑낑 안고 다니는 내 무거운 마음에 비할 중량이 아니었습니다. 가는 차안에서도 일을 해야 하긴 했습니다. 종이신문 발간 날짜에 맞춰 원고를 청탁하는 전화를 해야 했고, 행여 퇴짜라도 맞으면 아득해졌습니다. 편집위원회 날짜도 얼른 정해야 했습니다. 그래도 몇 군데 전화를 하고 나면 눈을 감을 수 있었습니다. 그때, 서울을 벗어나는 차 안에서의 그 잠은 꿀잠이었습니다.

이 분들을 만나면 가슴이 뜨거워졌습니다. 저렇게 민감하게 주위 사람들을 살피고, 이렇게 마음 다해 사람을 만나고, 요렇게만 창조적으로 일할 수 있다면, 정말 행복하지 않을까 생각했습니다. 무엇보다 스스로 하루하루를 정말 행복하게 살고 계셨습니다. 그 즐거움이 내게도 전해져 힘을 얻었습니다. 욕심이 없는 소탈함, 일보다 사람을 중요하게 여기는 그 마음들을 만나면서 나도 가식이 벗어졌습니다. 마음으로 만났습니다. 간혹 생활이 어려워, 사역이 정체되어 힘을 잃으신 분도 계셨는데 그분을 만나면 내 마음도 무거웠습니다. 부족한 것 없이 꾸미느라 돈 펑펑 들인 건물이며, 너무 세련되어 빈틈이 없는 대형교회의 예배 장면이 머릿속에 겹쳤습니다. '교회가 무엇일까?', '교회란 어때야 하는가'를 몸으로 배운 시간들이었습니다. 교회는 몸집이 가벼워야 합니다. 그래야 주위 사람들의 필요에 민감할 수 있으니까요. 교회는 사람들과 함께 살아야 합니다. 그래야 마음이 보이니까요. 교회는 열려 있어야 합니다. 그래야 아픈 사람들이 쉬다가 갈 수 있으니까요. 저도 그 열린 공간에서 잠시 쉬었습니다.

이야기를 들으러 가 놓고, 그보다 더 긴 이야기를 해도 잘 들어주신 목사님, 떠나는 길이라고 이마에 손을 얹고 기도해 주신 목사님, 노정에서 먹은 떡볶이가 체해 속을 게워내도 싫은 얼굴 내보이시 않고 다만 '놀리기만 했던' 목사님, 취재는 부담스러워하셔도 얼굴 대할 땐 반가이 대해주시던 목사님, 무엇보다 지역 어린이들과 어르신들을 깊이 사랑하시는 목사님들 고맙습니다.

외람되게도, 저는 그때 그곳에서 희망을 보았던 것 같습니다. 그 작은 희망이 한국교회를 올곧게 지키고 있다고 생각합니다.

실패 같으나 성공한 교회 이야기 _ 윤희윤

 2009년 제법 건강한 교회로 손꼽히던 강남의 모 교회가 2,000억이 넘는 예배당 건축을 결정하며 사회적 지탄을 받았다. 그 교회는 비판 앞에 큰 교회가 큰일을 할 수 있다는 이유를 댔다. 비단 이 교회뿐 아니라 큰일을 하기 위해선 교회가 커져야 한다는 이야기, 하나님이 복 주시면 큰 교회가 된다는 이야기는 한국교회 안에 팽배하다.

 꼭 그런 것은 아니지만 크기에 따라 교회 서열이 매겨진다. 목회자들은 교단에서 크기에 따라 대우가 다르다. 급여, 사택, 자녀 양육 환경도 달라진다. 큰 교회 교인들은 교회 이름을 자랑스럽게 이야기하지만, 작은 교회 교인들은 그냥 동네 작은 교회에 다닌다며 교회 이름을 얼버무리기 일쑤다. 그러다 보니 교회마다 교회 성장 프로그램인 '두 날개', 'G12' 등이 유행이다.

 이 기준에서 보면 시골 교회는 근본부터 실패한 교회다. 인구 10만 미만의 도시에서 1~2만 명의 교회는커녕 1,000명 교회로의 성장도 어렵다. 면 단위로 내려가면 교인이 100명만 되도 감사하다. 절대 성공할 수 없는 시골 교회의 목회자들은 기회만 있으면 도시에서 목회하고 싶어 한다. 1~2년 목회하고 떠나는 목회자들로 교인과 목회자 사이의 불신도 높다. 취재 갔던 교회 목회자 대부분도 이 불신으로 힘들었다고 했다. 몇 년간 목사님은 언제 떠날 거냐는 물음이 따라다녔다. 외지에 나갔다 오면 도시 목회 알아보고 왔냐고 했다.

만났던 목회자들도 특별한 사명이 있어서 시골에 남은 건 아니라고 했다. 어떤 이는 도시 교회 목회에서 성공 못해 시골로 내려올 수밖에 없었고, 어떤 이는 젊은 나이 한두 해만 목회하자 했다가 눌러 앉기도 했다. 함께 사역을 돕는 교인들도 목사님이 하니까 덩달아 시작했고, 좋은 일이라니까 참여한 교인도 있었다.

그랬던 그들이 짧게는 수년간 길게는 십여 년 동안 그 일을 할 수 있었던 이유는 무엇일까. 답은 한 가지. 예수 믿는 사람으로 이웃을 위해 지역을 위해 뭔가 할 수 있는 일이 없을까 생각하다 보니 지금의 일을 하게 됐다는 거다. 그리고 그 일로 인해 나도 좋고 이웃도 좋으니 하나님도 좋을 거라 했다. 나도 좋고 이웃도 좋고 하나님도 좋을 것 같아 시작한 공부방, 도서관, 목욕탕, 한글 학교 따위가 마을 주민들과의 접점을 만들어 냈다. 교회를 다니지 않는 어린이들이 공부방 때문에 교회에 나오기도 하고, 교회라면 고개를 흔들던 노인들이 목사의 손을 의지했다. 꿈이 없던 아이들이 바이올린을 배우고 견학을 가며 꿈을 꿨고, 노인들은 한글을 읽고 싶다던 평생소원을 이루게 됐다.

일곱의 공부방 아이들, 열여덟의 부녀회 회원을 놓고 하는 시골

교회의 사역이 교회가 커져야 큰일을 할 수 있다는 한국교회 앞에선 초라해 보일 수 있다. 하지만 하나님 눈앞에선 어떤 교회가 성공한 교회일까, 어떤 교회가 큰일을 한 교회일까, 궁금해진다. 그런데 한 생명이 천하보다 귀하고 작은 자에게 한 것이 곧 나에게 한 것이라고 하신 예수님의 말씀이 기억나는 것은 왜일까.